위대한
복음

가스펠 프로젝트

신약 **1**

위대한 복음
중고등부 교사용

지은이 · LifeWay Students
옮긴이 · 송진순
감수 · 김병훈, 류호성, 곽상학
초판 발행 · 2018년 4월 23일
2판 2쇄 발행 · 2025년 6월 25일
등록번호 · 제1988-000080호
등록된 곳 · 서울특별시 용산구 서빙고로65길 38
발행처 · 사단법인 두란노서원
영업부 · 02-2078-3352, 3452, 3781, 3752 FAX 080-749-3705
편집부 · 02-2078-3437
디자인 · 땅콩프레스

책값은 뒤표지에 있습니다.
ISBN 978-89-531-4678-5 04230 / 978-89-531-4671-6(세트)

가스펠 프로젝트 홈페이지 · gospelproject.co.kr
두란노몰 · mall.duranno.com

차례

I

The Rescue Begins

발간사

두란노서원을 통해 라이프웨이(LifeWay)의 《가스펠 프로젝트》 성경 공부 교재 시리즈를 발간할 수 있도록 인도하신 하나님께 감사드립니다. 험한 소리로 가득한 세상에 이 책을 다릿돌처럼 놓습니다. 우리 삶은 말씀을 만난 소리로 풍성해져야 합니다. 주님을 만난 기쁨의 소리, 진실 앞에서 탄식하는 소리, 죄를 씻는 울음소리, 소망을 품은 기도 소리로 가득해야 합니다.

《가스펠 프로젝트》는 신구약을 관통하는 예수 그리스도의 복음을 발견하고, 그 가르침을 삶에 적용하는 지혜를 얻도록 기획한 성경 공부 교재입니다. 어린아이부터 어른에 이르기까지 생애주기에 따른 복음 메시지를 잘 배울 수 있습니다. 또한, 거짓 진리가 미혹하는 이 시대에 건강한 신학과 바른 교리로 말씀을 조명하여 성도의 신앙이 좌로나 우로나 치우치지 않도록 돕습니다.

두란노서원은 지금까지 "오직 성경, 복음 중심, 초교파적 관점"을 바탕으로 한국 교회와 성도를 꾸준히 섬겨 왔습니다. 오직 성경의 정신에 입각해 책과 잡지를 출판해 왔으며, 성경에 근거한 복음 중심의 신학을 포기한 적이 없습니다. 그리고 교단과 교파를 초월하여 교회와 성도가 하나님 나라를 바라볼 수 있도록 돕기 위해 노력해 왔습니다. 《가스펠 프로젝트》는 두란노가 지켜 온 세 가지 가치를 충실하게 담은 책입니다.

성경은 구원을 위한 책이며, 구원사의 주인공은 예수 그리스도입니다. 창세기부터 요한계시록까지 오직 예수 그리스도의 복음만을 전하는 《가스펠 프로젝트》 성경 공부 교재를 통해 복음의 은혜와 진리를 깊이 경험하고, 복음 중심의 삶이 마음 판에 새겨지기를 바랍니다. 그리고 예수 그리스도 복음에 굳게 선 한 사람의 영향력이 가정과 교회와 사회에 흘러감으로써 거룩한 하나님 나라가 확산되어 가기를 소망합니다.

두란노서원 원장 이 형 기

감수사

두란노가 출간하는 《가스펠 프로젝트》는 무엇보다도 전통적으로 교회가 풀어 온 흐름을 충실히 따라 성경을 해설하고 있습니다. 그리고 그 방향은 궁극적으로 예수 그리스도를 향해 나아가고 있습니다. 이것은 예수님이 구약과 신약의 모든 성경이 자신을 가리키고 있다고 하신 말씀에 비추어 매우 타당한 것입니다. 게다가 그리스도 중심적 해설을 무리하게 전개하지 않습니다. 각 본문에서 하나님의 구원 언약과 그것을 실현하시는 하나님을 드러내면서, 그리스도의 예표적 설명이 가능한 사건을 놓치지 않고 풀어내고 있습니다.

성경 공부 교재는 명시적으로 혹은 암시적으로 제시하는 교리적 진술이 교리체계상 건전해야 합니다. 《가스펠 프로젝트》는 99개 조에 이르는 핵심 교리들을 일목요연하게 제시하여 교리의 건전성을 확인할 수 있도록 도움을 줍니다. 《가스펠 프로젝트》의 교리는 교파를 막론하고, 예수 그리스도의 복음에 충실한 복음주의 교회들에게 환영받을 만합니다. 물론 교파마다 약간의 이견을 갖는 부분들이 있을 수 있겠지만 각 교회에서 교재를 활용하는 데에 무리가 없을 것으로 판단합니다. 《가스펠 프로젝트》의 특징은 각 과에서 학습한 내용을 핵심 교리와 연결해 주며, 그 결과 그리스도의 복음에 관련한 교리적 이해를 강화시킨다는 데에 있습니다.

끝으로 《가스펠 프로젝트》는 어떤 성경 주해서나 교리 학습서가 갖지 못하는 훌륭한 장점을 가지고 있습니다. 그것은 학습자를 하나님과 그리스도의 복음 앞으로 나오도록 이끌며 자신의 신앙과 삶을 돌아보도록 하는 적용의 적실성과 훈련의 효과입니다. 아울러 선교적 안목을 열어 주는 적용 질문들을 더해 준 것은 《가스펠 프로젝트》에서 얻을 수 있는 커다란 유익입니다.

《가스펠 프로젝트》는 성경을 개괄적으로 매주 한 과씩, 3년의 기간 동안 일목요연하게, 그리고 그리스도 중심적으로 공부하도록 이끌어 준다는 점에서, 한국 교회의 기초를 성경 위에 놓는 일에 대단히 커다란 공헌을 할 것으로 믿어 의심치 않습니다.

김병훈 _ 합동신학대학원대학교 조직신학 교수

하나님의 말씀이 임하는 곳에는 회복의 역사가 있어서 죽은 뼈들도 힘줄이 생기고 살이 오릅니다(겔 37:8). 왜냐하면 하나님의 말씀은 그 자체에 능력이 있기 때문입니다(눅 1:37). 곧 하나님의 말씀은 살아 있고 활력이 있어 좌우에 날선 어떤 검보다도 예리하여 혼과 영과 및 관절과 골수를 찔러 쪼개기까지 하며 또 마음의 생각과 뜻을 판단합니다(히 4:12). 이렇게 하나님의 말씀이 왕성해지면 국가는 자연적으로 정의와 사랑이 넘쳐나며(렘 9:24), 교회는 제자의 수가 많아지는 놀라운 부흥을 경험합니다(행 6:7). 결국 하나님의 말씀이 흘러넘쳐 온 우주를 적실 때에 악한 세력들은 모두 물러가고, 새 하늘과 새 땅이 우리에게 다가올 것입니다.

이를 위해 작은 등불의 역할을 할 《가스펠 프로젝트》는 다음과 같은 특징이 있습니다. 첫째는 성경 전체를 '그리스도 중심'으로 바라본 것입니다. 오실 그리스도(구약)와 오신 그리스도 그리고 앞으로 다시 오실 그리스도(신약)의 관점에서 구약성경과 신약성경을 서로 연결시켰습니다. 그래서 구약성경을 단지 유대 민족의 역사서로 보는 편협함에서 벗어나, 그 속에 담긴 놀라운 하나님의 구원 역사를 보게 합니다. 둘째는 같은 본문으로 교회와 가정 그리고 전 연령층에서 그리스도의 사랑을 배우게 합니다. 이는 특히 가정에서 부모와 자녀가 서로 신앙적으로 소통할 기회를 제공하고 사랑과 정의를 실천하는 성숙한 그리스도인으로 성장하도록 이끌어 줍니다. 셋째는 신학적 주제와 기초 교리를 이해하기 쉽게 설명한 것입니다. 그래서 사이비 이단이 번져 가는 상황에서 매우 중요한 영적 분별력을 향상시키는 데 도움을 줍니다. 넷째는 배운 것을 복음의 씨앗을 뿌리는 선교와 연결시키며 하나님이 주신 사명을 실천하도록 이끄는 것입니다. 이는 복음의 열정을 회복시켜 줍니다.

그러므로 모든 교단과 교파를 초월해서, 하나님의 섬세한 구원의 손길과 그리스도의 숭고한 십자가의 사랑 그리고 거룩함으로 인도하는 성령님의 인도하심을 배울 수 있을 것입니다. 그래서《가스펠 프로젝트》를 통해 하나님의 말씀이 한반도에 흘러넘칠 뿐만 아니라, 복음의 열정을 품고 전 세계로 향하는 많은 전도자들을 세워 갈 것입니다.

류호성 _ 서울장신대학교 신약학 교수

✝ 일반적으로 교육의 3요소를 교육 주체인 교사, 교육 객체인 학생, 교육 내용인 교육 과정(curriculum)이라고 말합니다. 기독교 교육 또한 교회 학교 교사나 가정의 부모가 교육 주체가 되어 다음 세대인 청소년들에게 복음이 담긴 성경을 가르치는 것입니다. 교육 과정을 제외하고는 공교육과 기독교 교육이 본질적으로 다를 수 없는데, 시대의 요청이나 학습자의 역량에 따라 교육 과정이 바뀌는 공교육과 달리, 성경이라는 절대 진리가 교육 과정인 기독교 교육은 수요자 중심의 창의적 상호 작용 등 교육 방법론에 취약점을 보인 것이 사실입니다.

《가스펠 프로젝트》는 객관론적인 인식론에 근거한 프로젝트 수업을 염두에 두었기 때문에, 안내하고 조력하는 교사의 역할 수행과 자연스럽고도 적극적인 학생들의 반응이 만나 성경의 내용을 '지금 그리고 여기'를 사는 '나'와 접목시켜 진지하게 대면하게 합니다. 매 과마다 청소년 설교 제목과 같은 감각적인 제목으로 문을 열고 들어가 'HIS STORY'를 만나게 됩니다. 그뿐 아니라 '연대표', '알짬 교리 99' 등은 다소 지루할 수 있는 성경의 이야기를 청소년 특유의 감성으로 그들의 지적 호기심을 채워 주기에 충분합니다. 또한 '그리스도와의 연결'로 구속사적 흐름을 놓치지 않고 그리스도의 복음을 충실히 따르고 있습니다. 영원 불변하는 하나님의 말씀이 21세기에 대한민국에서 살아가는 중학생, 고등학생의 실제 이야기로 잘 구현되도록 한 'YOUR STORY', 그리고 'HEAD'(생각)와 'HEART'(마음)가 어떻게 'HANDS'(행동)로 이어지는가에 대한 'YOUR MISSION'은 성경 공부의 매우 중요한 연결 고리가 될 것입니다.

《가스펠 프로젝트》는 그리스도 중심의 성경 공부 교재이자, 성경 전체를 꿰뚫는 복음의 알파와 오메가로서 이 시대에 새로운 기독교 교육의 이정표가 될 것을 확신합니다.

곽상학 _ 전 온누리교회 협동 목사

추천사

우리 시대의 전 세계적 교회 부흥은 두 가지 샘을 가지고 있습니다. 한 샘은 오순절 부흥 운동의 샘입니다. 이 샘으로 많은 시대의 목마른 영혼들이 목마름을 해갈했습니다. 또 하나의 샘은 성경 연구의 샘입니다. 남침례교 주일학교 운동은 이 샘의 개척자입니다. 이 샘으로 지금도 많은 성도가 목마름을 해갈하고 있습니다. 미국 남침례교 라이프웨이 출판사는 이러한 사역을 충실히 감당해 왔습니다.《가스펠 프로젝트》는 모든 필요를 공급하는 원천이 될 것입니다.《가스펠 프로젝트》로 한국 교회의 목마름이 해갈되기를 기도합니다.《가스펠 프로젝트》는 쉬우면서도 결코 피상적이지 않습니다. 믿음의 단계를 따라 하나님의 자녀들에게 꼭 필요한 복음의 진수를 맛보게 해 줄 것입니다. 이 체계적인 교재로 이 땅에 새로운 영적 르네상스가 일어나기를 기대합니다.

이동원 _ 지구촌교회 원로목사, 지구촌 미니스트리 네트워크 대표

성경은 그 깊이와 너비를 측량하기 어려운 광활한 바다입니다. 이 바다를 무턱 대고 항해하다 보면 장구한 역사의 파도와 다양한 문학 양식이라는 바람에 의해 표류하기 쉽습니다. 그런 점에서《가스펠 프로젝트》는 참 훌륭한 나침반입니다. 건전한 교리를 바탕으로 성경 어디에서나 그리스도를 발견하도록 돕고, 복음이라는 항구에 이르도록 이끌어 줍니다. 구약시리즈뿐 아니라 신약시리즈 역시 말씀의 바다를 항해하는 모든 분들에게 큰 유익을 줄 것입니다. 기쁜 마음으로 추천합니다.

허요환 _ 안산제일교회 담임 목사

성경은 예수 그리스도를 중심으로 하는 하나님의 구원 이야기입니다. 성경을 가르치는 일은 하나님의 구원에 동참하는 하나님의 사람을 만드는 일이며, 하나님의 사람의 탁월한 모델은 바로 예수 그리스도입니다.《가스펠 프로젝트》는 예수 그리스도를 중심으로 성경을 배웁니다. 성경이 어떻게 그리스도와 연결되어 있는지, 또 성도의 삶이 그리스도를 중심으로 하는 하나님의 구원 계획에 어떻게 연결되어야 하는지 구체적으로 제시합니다.

특히《가스펠 프로젝트》는 하나의 본문을 각 연령에 맞게 구성한 교재를 제공해 하나의 본문으로 전 세대를 연결하고, 가정과 교회를 하나 되게 합니다. 신앙의 전수가 중요한 시대에 성도와 교회와 가정이 한마음으로 다음 세대를 준비시키기에 적합합니다. 특히 가정에서 부모가 자녀와 말씀으로 대화를 나눌 수 있게 해 자녀 신앙 교육에 도움이 될 것입니다.

《가스펠 프로젝트》가 주일학교부터 장년에 이르기까지 전 교회와 성도의 각 가정에서 사용되어 예수 그리스도를 통한 하나님의 가스펠 프로젝트가 성취되기를 기도하면서 기쁨과 확신으로 추천합니다.

이재훈 _ 온누리교회 담임 목사

✝ 　《가스펠 프로젝트》는 성경을 예수 그리스도 중심으로 심도 있게 살피도록 도우면서, 또한 그것을 이야기 형식으로 제시하며 실질적으로 적용하도록 이끄는 탁월함이 보입니다. 이는 청소년들이 자연스럽게 주변 또래들에게 자신이 경험한 예수 그리스도와 복음에 대해 나눌 수 있게 합니다.

왕동식 _ 서울YFC(십대선교회) 대표, 청소년사역자협의회 회장

✝ 　《가스펠 프로젝트》는 복음주의적인 관점에서 성경을 이해하며 성경적 가치관을 형성하는 데 큰 도움을 줍니다. 특히 예수 그리스도를 모든 과에서 그 중심에 두어 구속사적으로 이해할 수 있도록 돕습니다. 또한 각 과별 주제도 친근할 뿐 아니라 다음 세대의 눈높이에 맞추고 있어서 적극 추천합니다.

황성건 _ (사)청소년선교횃불 대표, 소금과빛 국제학교 운영 이사

✝ 　사역 현장에서는 하나님의 말씀을 효율적으로 가르칠 수 있는 좋은 방법과 교재에 늘 목말라 합니다. 그런 점에서 그 필요를 잘 충족해 줄 교재가 출간되어 기쁜 마음으로 추천합니다.

김운용 _ 장로회신학대학교 실천신학 교수

✝ 　《가스펠 프로젝트》는 하나님의 말씀으로 우리를 초청해서 예수 그리스도를 만나게 하고 사랑하게 만드는 훌륭한 교재입니다. 자녀들이 교회 학교에서, 부모들이 소그룹에서 말씀을 공부한 후에 저녁 식탁에 둘러앉아 예수님에 대해 함께 나눌 수 있다는 것은, 상상만 해도 너무나도 멋지고 복된 일입니다.

김지철 _ 전 소망교회 담임 목사

✝ 　성경이 가르치는 구원의 도리인 교리를 성경 본문을 통해 배우기가 쉽지 않기 때문에 좋은 안내서가 필요합니다. 《가스펠 프로젝트》는 이와 같은 역할을 탁월하게 수행하고 있기 때문에 기쁜 마음으로 추천합니다.

이성호 _ 고려신학대학원 역사신학 교수

✝ 　《가스펠 프로젝트》는 어린이부터 장년까지 성경에서 예수님이라는 보석을 찾는 눈을 활짝 열어 주는 놀라운 교재입니다. 각 연령대에 맞게 구성된 본 교재를 통해 예수님을 다시 발견하고 한국 교회가 더욱 견고하게 되기를 바랍니다.

최병락 _ 강남중앙침례교회 담임 목사

일러두기

❶ INTRO

과의 내용을 간략하게 요약하고 성경 본문을 제시하면서, 본문의 흐름과 학습 목표를 놓치지 않도록 돕습니다.

❷ HIS STORY

하나님의 구속사에 초점을 맞춰 성경을 이해하도록 하며, 다음과 같은 특징이 있습니다.

* **students** 왼편에 'students' 글씨와 함께 회색 세로줄이 있는 단락은 학생용 교재와 동일한 부분입니다. 학생용 교재의 모든 내용이 교사용에도 실려 있습니다.
* **연대표** 성경을 시간 순으로 이해하도록 살피는 표로, 학생용 교재에서는 그림도 함께 제공합니다.
* **본문으로 더 깊이** 이야기 속으로 더 깊이 들어가도록 돕는 성경 주해입니다. 이 자료를 어떤 식으로 활용할 것인지는 교사의 재량에 달려 있으며, 참고만 해도 괜찮습니다.
* **알짬 교리 99** 매 과의 본문 내용과 관련된 기독교 핵심 교리입니다.
* **그리스도와의 연결** 각 과의 주제가 어떻게 예수 그리스도를 가리키며 연결되는지 살피는데, 이를 통해 모든 성경이 그리스도를 가리키고 있음을 강조해 줍니다.

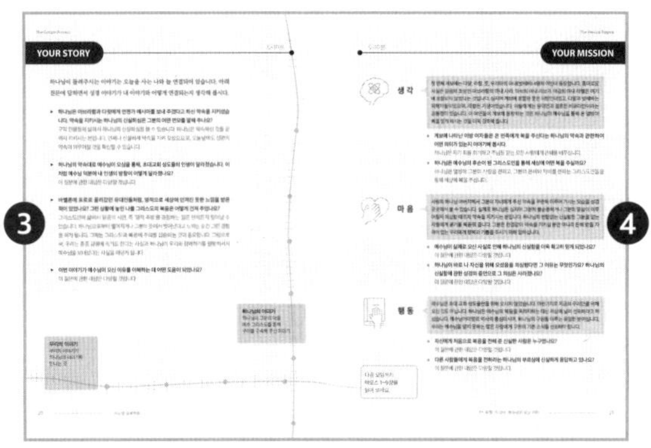

❸ YOUR STORY

하나님이 과거에 행하신 일을 오늘날과, 그리고 학생 자신과 연결하도록 돕는 토론 질문을 제시합니다. 매 질문마다 교사에게 주는 조언이 첨부되어 있습니다.

❹ YOUR MISSION

그리스도인으로서 어떻게 살아가야 할지 하나님의 이야기를 통해 생각하고 변화를 경험하도록 이끕니다. 단순한 성경 공부를 넘어 사명감을 가지고 이 세상을 살아가야 할 것을 강조하면서 하나님의 부르심에 참여하도록 돕습니다.

가스펠 프로젝트 홈페이지 자료실 gospelproject.co.kr 에 있는 다양한 자료를 활용해 보세요.

- **십대와 나누는 믿음의 대화** 학생들과 폭넓게 나눌 수 있도록 본문의 요점, 질문, 명언을 제시합니다.
- **교사 지도 가이드** 교사에게 필요한 본문에 대한 설명과 지도 방향 등을 동영상으로 제공합니다.
- **가족성경읽기표** 본문에도 나오는 연대기적 성경 통독 일정이, 온가족이 보기 좋게 정리되어 있습니다.

01

두둥! 드디어 예수님이 오실 거야

요약

이 과에서는 아브라함부터 예수님께로 이어지는 계보를 살펴볼 것입니다. 예수님의 정체성은 하나님 약속의 성취에 뿌리를 두고 있습니다. 하나님은 아브라함을 통해 모든 민족에게 복을 주실 것과 다윗의 왕위를 통해 영원한 하나님 나라를 세우실 것과 이스라엘 백성이 오랜 포로 생활을 마치고 약속의 땅으로 돌아오게 하실 것을 약속하셨습니다. 예수님의 계보는 우리의 계보이기도 합니다. 왜냐하면 아브라함이 우리의 믿음의 조상이기 때문입니다. 이 계보를 살펴보면서 우리는 그리스도 안에서 자신의 진정한 정체성을 발견하게 됩니다. 하나님은 예수 그리스도를 통해 모든 약속을 성취하셨습니다.

성경

마태복음 1장 1~17절

HIS STORY

포 인 트   예수님은 이스라엘을 향한 하나님의 약속을 성취하시는 분이다.

등 장 인 물   예수님(하나님의 아들, 성자 하나님)

아브라함(믿음의 조상, 많은 민족의 아버지로 선택받은 사람)

다윗(이새의 막내아들, 사울왕의 뒤를 이어 기름 부음을 받은 하나님의 신실한 사람, 골리앗과 싸워 이긴 자로 유명함)

메시지 좌표   구약성경 시대가 끝나고 예수님이 탄생하시기까지 약 4백 년의 세월이 흘렀습니다. 아담과 하와 시대 이래로 이스라엘은 하나님이 약속하신 분이 오시길 학수고대해 왔습니다. 뱀의 머리를 부수러 오실 그분 말입니다. 마침내 때가 이르렀고, 하나님이 이끄시는 구원의 드라마가 시작되었습니다. 하나님의 아들이신 예수님은 놀라운 구원 이야기의 주인공으로 이 땅에 오셨습니다.

도입

'나는 누구인가?' 누구나 이 질문에 대해 깊이 생각해 본 적이 있을 것입니다. 이는 자신의 정체성에 관한 질문으로서, 인간이 자신에게 던지는 근본적인 질문 중 하나입니다. 사람은 변화하는 바깥세상과 내면세계에 발맞추면서 성장하고 성숙하게 마련입니다. 이 과정에서 자신의 정체성에 관한 고민을 끊임없이 하게 되는데, 이처럼 자신의 정체성을 찾으려고 노력하는 것은 매우 중요합니다. 그리고 그 과정에서 사람들은 자신의 뿌리나 조상을 찾아 나서곤 합니다.

▶ 사람들이 자신이 누구이며 어디서 왔는지를 알고 싶어 한다는 것을 드러내는 모습에는 무엇이 있나요? 정체성에 관한 질문은 인간에게 왜 중요할까요?

▶ 자신의 뿌리를 아는 것은 정체성을 찾을 때 어떤 도움을 줄까요?

구약성경에서 신약성경으로 넘어오면서 만나게 되는 책이 바로 마태복음입니다. 마태복음은 나사렛 예수를 믿는 유대인 공동체를 위해 쓰인 책입니다. 당시 이스라엘 사회는 로마 제국의 지배를 받으며 엄청난 변화를 겪고 있었습니다. 많은 유대인이 정체성과 차별의 문제로 씨름했습니다.

불안과 격동의 시기에 예수님을 따르던 유대인들은 다른 유대인들의 반대에 부딪혔습니다. 그 결과 예수님을 따르던 유대인들에게 '나는 누구인가?'라는 문제가 중요해졌습니다. 마태는 복음서를 쓸 때 그들이 예수님 안에 있는 자신을 발견할 수 있도록 돕고자 했습니다. 복음서를 계보로 시작한 이유가 바로 여기에 있습니다. 아브라함까지 거슬러 올라가는 아주 오랜 역사에 뿌리를 두고 있음을 보여 주고자 한 것입니다.

핍박을 받으면서도 예수님을 따라다니던 제자들은 자신의 정체성을 밝히는 것이 더 이상 성전이나 회당이 아니며, 또한 의식을 행하듯 순종하는 것에 더 이상 머물러서는 안 된다는 엄청난 사실을 곧 깨닫게 될 것입니다. 그들은 자신의 정체성을 예수님을 통해 새롭게 발견하게 될 것입니다. 마태는 예수님이 누구이신지를 밝힘으로써 제자로서 그들의 정체성을 일깨워 주고자 했습니다.

약속을 따라 아브라함의 자손으로 오셨어!

정체성에 관한 문제를 푸는 가장 좋은 방법이 있다면 그것은 맨 처음으로 거슬러 올라가 보는 것입니다. 마태가 바로 그렇게 했습니다. 마태복음 1장을 시작하는 "예수 그리스도의 계보라"(1절)라는 구절의 원문을 좀 더 문자 그대로 번역하면 '예수님의 처음에 관한 책'이 될 것입니다. 이것은 세상의 처음을 기록한 창세기 가운데 2장 4절("하늘과 땅의 내력이니")을 떠올리게 합니다.

하나님이 아브라함에게 주신 첫 번째 약속의 성취가 바로 예수님이십니다. 따라서 예수님을 통해 온 열방이 복을 받을 것입니다. 아브라함은 대단한 신앙의 영웅은 아니었습니다. 그러나 예수님은 그의 자손으로 태어나시며 약속을 지키셨습니다.

[1]아브라함과 다윗의 자손 예수 그리스도의 계보라 [2]아브라함이 이삭을 낳고 이삭은 야곱을 낳고 야곱은 유다와 그의 형제들을 낳고 [3]유다는 다말에게서 베레스와 세라를 낳고 베레스는 헤스론을 낳고 헤스론은 람을 낳고 [4]람은 아미나답을 낳고 아미나답은 나손을 낳고 나손은 살몬을 낳고 [5]살몬은 라합에게서 보아스를 낳고 보아스는 룻에게서 오벳을 낳고 오벳은 이새를 낳고 (마 1:1~5)

하나님의 약속이 예수님을 통해 성취된다는 것을, 우리는 예수님의 혈통이 유전적으로 그분의 조상들과 연결된다는 점에서 살펴볼 수 있습니다. 이것은 단순히 위대한 조상을 호명하기 위한 것이 아닙니다. 그들은 예수님의 가족이자 하나님의 특별한 약속을 받은 사람들이었습니다. 그 모든 약속이 예수님을 통해 완전하고 완벽하게 성취될 것입니다.

> 왕께서 곧 돌아오실 것입니다.
> 왕이신 예수님은 처음에 우는 아기로 오셨으나
> 두 번째에는 왕관을 쓴 왕으로 오실 것입니다."
> 데이비드 플랫David Platt

우리가 구약의 마지막 장을 덮고 신약의 첫 장을 열게 되면 '마태복음'을 만나게 됩니다. 누가가 복음서 3장에서 예수님의 계보를 기록한 반면, 마태는 복음서의 첫 장에서 예수님의 계보를 기록합니다. 마태는 예수님의 계보로 시작함으로써 그분의 혈통과 정체성이 지닌 의미를 강조했던 것입니다. 그는 예수님의 조상을 계보의 시작부터 열네 대씩 세 무리로 묶어 소개했습니다.

유명한 믿음의 조상들로 이루어진 계보를 따라 태어나신 예수님의 정체성을 드러내면서, 마태는 하나님이 매우 특별하게 약속을 성취하셨음을 지적했습니다. 그뿐 아니라 예수님이 믿음의 조상을 가지셨던 것과 같이 또한 믿음의 자손도 갖게 되실 것을 보여 주고자 했습니다. '믿음의 자손'이란 왕이신 예수님이 다스리시는 나라의 시민을 가리킵니다. 예수님을 따랐던 초대교회 유대인들은 물론 오늘날 우리도 이와 같은 정체성을 가지고 있습니다.

다윗에게 주신 약속이 바로 이거였어!

아브라함과 이삭과 야곱의 하나님은 첫 번째 '열네 대' 가운데 첫 번째 히브리인 아브라함(창 14:13)에게 주셨던 약속을 지키실 것입니다. 두 번째 '열네 대'는 다윗왕으로 시작됩니다.

> 6이새는 다윗왕을 낳으니라 다윗은 우리야의 아내에게서 솔로몬을 낳고 7솔로몬은 르호보암을 낳고 르호보암은 아비야를 낳고 아비야는 아사를 낳고 8아사는 여호사밧을 낳고 여호사밧은 요람을 낳고 요람은 웃시야를 낳고 9웃시야는 요담을 낳고 요담은 아하스를 낳고 아하스는 히스기야를 낳고 10히스기야는 므낫세를 낳고 므낫세는 아몬을 낳고 아몬은 요시야를 낳고 11바벨론으로 사로잡혀 갈 때에 요시야는 여고냐와 그의 형제들을 낳으니라(마 1:6~11)

두 번째 계보를 시작하는 곳에 다윗이 있습니다. 그는 하나님과 특별한 교제를 나누었던 인물입니다. 성경 인물 중에서 다윗만큼 한때 높은 자리에 올랐다가 한순간에 나락으로 떨어진 사람도 없을 것입니다(삼하 11장; 시 89편). 역대기에서 다윗은 다른 모든 왕을 평가하는 기준이었습니다. 또한 '너

본문으로 더 깊이

예수님의 계보를 열네 대씩 세 무리로 나눌 수 있는데, 각 무리마다 각기 다른 하나님의 약속이 담겨 있습니다. 첫 번째 무리는 아브라함으로 시작합니다. 아브라함은 그의 '씨'(자손)로 말미암아 천하 만민이 복을 받으리라는 약속을 받았습니다(창 22:18; 마 1:1~5; 갈 3:16). 다윗왕으로 시작하는 두 번째 무리는 영원한 왕위에 관한 약속을 받았습니다(삼하 7:13; 렘 23:5; 마 1:6~11). 마지막 세 번째 무리는 한 인물이 아닌 특정 사건에 초점을 맞췄는데, 바벨론의 포로로 잡혀 있던 유대인들이 귀환하리라는 하나님의 약속을 받았습니다(겔 37:24~26; 렘 31:31~34; 마 1:12~17).

의 아버지 다윗'이라는 칭호가 구약성경에서 솔로몬에게뿐 아니라 후대의 많은 왕에게 주어졌습니다.

'다윗의 왕위가 영원할 것이다'라는 하나님의 약속은 성경에서 매우 자주 인용되었습니다. 주님은 특별한 관심을 갖고 이 약속을 지키셨습니다. 그러나 다윗은 끝까지 신실해야 함에도 불구하고 마태복음의 계보에 기록된 대부분의 후손들처럼 그러지 못했습니다.

다윗 이후에도 하나님과 동행하기를 거절하는 지도자들은 계속해서 나타났고, 하나님의 백성은 그들의 억압을 견뎌 내야 했습니다. 그럼에도 하나님은 자기 백성에게 신실하셨습니다.

- 솔로몬은 이방인 아내들을 위해 산당을 지었습니다(왕상 11:1~8).
- 르호보암은 잔혹하게 다스리며 여호와의 율법을 저버렸습니다(대하 12:1, 5).
- 남유다의 아비야는 북이스라엘과의 전쟁에서 이스라엘 백성 50만 명을 죽였습니다.
- 아하스는 여호와의 성전에서 보물을 훔쳤습니다(왕하 16:7; 대하 28:1).
- 히스기야는 여호와께 순종하고 관개 시설을 정비한 선한 왕이었으나 죽음을 두려워하여 하나님 앞에서 통곡했습니다(왕하 20:3; 대하 31:20).
- 므낫세는 자기 백성들이 이방 신을 섬기도록 꾀었습니다(왕하 21:9, 20).
- 아몬은 아버지 므낫세가 만든 아로새긴 우상을 섬겼습니다(대하 33:20).
- 바벨론의 느부갓네살왕이 예루살렘을 파괴하고 이스라엘 백성을 포로로 끌고 가기 전에 유다를 다스렸던 마지막 왕 고니야는 여호와 앞에서 악을 행하여 그 자손이 다윗의 왕위에 앉지 못할 것이라는 저주를 받았습니다(렘 22:28~30).

> 예수님은 참되고 더 나은 아브라함으로서, 하나님의 부르심에 응답하여 안락하고 익숙한 모든 것을 버려두고 새로운 하나님의 백성을 창조하시려고 갈 바를 알지 못한 채 공허한 곳으로 나아가셨으며 … 예수님은 참되고 더 나은 다윗으로서 자기 백성이 아무런 수고를 한 것이 없에도 자신의 승리가 그들의 승리가 되게 하신 분입니다.
> 팀 켈러Tim Keller

이스라엘의 많은 왕이 약속을 저버렸는데도, 하나님은 다윗의 영원한 왕위에 관한 약속을 신실하게 지키십니다. 사실, 다윗은 그 자신에 관한 약속을 받은 것이 아니었습니다. 마태는 이 약속이 바로, 다윗의 자손으로 오신 예수님이 그분의 길로 행하시며 하나님의 약속을 온전히 성취하시리라는 것이었음을 보여 주고자 했습니다. 그분은 아브라함의 자손으로 오셔서 약속에 따라 모든 민족을 축복하시고, 다윗의 왕위에 앉아 영원하신 하나님의 나라를 세우실 것입니다. 예수님은 모든 약속과 모든 꿈과 모든 소망의 중심이자 성취이십니다.

예수님의 계보에 등장하는 왕들 가운데 악한 왕은 누구인지 살펴봅시다. 그들은 약속을 지키시는 하나님의 신실하심에 관해 어떤 교훈을 주나요?

바로 우리를 구원하러 오신다고!

마태는 계보의 세 번째 무리를 아브라함이나 다윗과 같은 특별한 인물이 아닌, 바벨론 포로와 관련된 특별한 사건으로 소개했습니다. 이는 그 이유가 무엇일지 궁금해하도록 독자를 이끌면서 주의를 끕니다. 이렇게 우리는 성경에서 예상하지 못한 본문을 만날 때가 있습니다. 성경 저자는 이 같은 의외의 상황을 통해 우리로 하여금 말씀에 더욱 귀 기울이고 집중하게 합니다. 본문에서 바벨론으로 사로잡혀 갔던 이스라엘 백성들이 귀환하는 특별한 사건을 보여 주는 이유도 이와 마찬가지입니다.

[12]바벨론으로 사로잡혀 간 후에 여고냐는 스알디엘을 낳고 스알디엘은 스룹바벨을 낳고 [13]스룹바벨은 아비훗을 낳고 아비훗은 엘리아김을 낳고 엘리아김은 아소르를 낳고 [14]아소르는 사독을 낳고 사독은 아킴을 낳고 아킴은 엘리웃을 낳고 [15]엘리웃은 엘르아살을 낳고 엘르아살은 맛단을 낳고 맛단은 야곱을 낳고 [16]야곱은 마리아의 남편 요셉을 낳았으니 마리아에게서 그리스도라 칭하는 예수가 나시니라 [17]그런즉 모든 대 수가 아브라함부터 다윗까지 열네 대요 다윗부터 바벨론으로 사로잡혀 갈 때까지 열네 대요 바벨론으로 사로잡혀 간 후부터 그리스도까지 열네 대더라(마 1:12~17)

BC 597년, 시드기야왕이 선지자 예레미야의 경고를 무시한 결과로(렘 1:3; 52:10), 예루살렘은 바벨론 제국의 느부갓네살왕에게 점령당했습니다. 유대인들은 세 차례에 걸쳐 바벨론의 포로로 잡혀 갔습니다. 바벨론의 왕은 이스라엘 백성들을 그들의 땅에서 몰아내고 이방인과 결혼시킴으로써 유대 민족을 말살하려 했습니다. 그러나 이스라엘은 그들과 섞이지 않기로 결단함으로써 한 민족으로 살아남을 수 있었습니다.

BC 539년, 바벨론은 페르시아의 고레스왕에게 멸망당했습니다. 고레스는 유대인들이 바벨론에서 고국으로 돌아가도록 명령했는데, 심지어 하나님께 감동되어 바벨론이 파괴한 예루살렘 성전을 재건하는 일을 돕기까지 했습니다(대하 36:22; 스 1:1).

페르시아의 승리는 재앙이라고 할 수 있었지만, 그것을 통해 기적과도 같은 일이 일어났습니다. 하나님의 백성이 흩어지고 패배한 것처럼 보였는데 하나님은 오히려 그들을 고국으로 인도해 주셨습니다. 하나님은 그분을 믿지 않고 그분의 약속을 신뢰하지 않아 약속의 땅을 떠나야 했던 그들을 구해 주셨습니다.

비슷한 상황이 벌어진다면 우리도 그들처럼 될 것입니다. 마태복음의 첫 독자, 즉 당시 유대인들도 비슷한 상황에 있었습니다. 이것은 우리가 이 세상에 살고 있지만 이 세상에 속한 존재가 아니라는 것을 가르쳐 줍니다. 우리는 죄로 인해 에덴동산에서 추방되었습니다. 그래서 하나님이 원래 우리를 위해 마련해 주신 곳이 아닌 이 세상에서 살게 되었습니다. 우리는 그리스도의 재림과 하나님 나라가 완전히 임할 것을 기대합니다. 우리는 하나님이 우리를 본향으로 인도해 주실 것을 믿으며 주님을 따릅니다.

예수님은 불신앙과 죄로 인해 사로잡힌 신세가 된 우리를 구원해 하나님의 집으로 인도하실 참되고 완전하신 분입니다. 그분은 아브라함과 다윗의 자손으로, 하나님이 태초부터 이루고자 하셨던 뜻을 온전히 성취하실 것입니다. 그리고 우리와 함께하실 것입니다. "나는 너희 중에 행하여 너희의 하나님이 되고 너희는 내 백성이 될 것이니라"(레 26:12).

알짬 교리 **99**

예수님의 인성

우리는 성경에서 예수님이 완전한 하나님이시자 동시에 완전한 인간이심을 볼 수 있습니다. 구약성경에서는 하나님이 약속하신 메시아가 태어날 것이라는 예언을(사 7:14; 9:6; 미 5:3), 신약성경에서는 예수님의 생애에 인간사의 모든 특징이 담겨 있음을 보여 주었습니다. 예수님은 인간이라면 흔히 겪게 되는 일, 즉 굶주림(마 4:2)과 목마름(요 19:28)과 피곤함(마 8:24)과 슬픔(요 11:35)을 체험하셨으며 심지어 십자가의 고통까지 경험하셨습니다.

그리스도와의 연결

예수님을 따르는 사람으로서의 정체성을 갖고 살아갈 때, 세상으로부터 무시나 소외를 당하거나 심지어 쫓겨날 수도 있습니다. 이러한 일은 전 세계 많은 형제자매들이 이미 겪고 있습니다. 그런데 약 2천 년 전, 마태복음의 첫 독자들에게 주어진 약속은, 두려움에 떨던 1세기 초대 교회 신자들에게 그랬던 것처럼 오늘날 우리에게도 똑같이 유효합니다. 사회적 압력과 박해에도, 그들은 계속해서 세상을 변화시켜 나갔습니다. 그리고 당대에 가장 막강했던 세상 권력인 로마 제국에 맞서 저항했습니다. 그들이 승리할 수 있었던 이유는 단 하나입니다. 모든 언약이 예수 그리스도 안에서 성취되리라는 약속을 신뢰했기 때문입니다.

YOUR STORY

하나님이 들려주시는 이야기는 오늘을 사는 나와 늘 연결되어 있습니다. 아래 질문에 답하면서 성경 이야기가 내 이야기와 어떻게 연결되는지 생각해 봅시다.

▶ **하나님은 아브라함과 다윗에게 언젠가 메시아를 보내 주겠다고 하신 약속을 지키셨습니다. 약속을 지키시는 하나님의 신실하심은 그분의 어떤 면모를 말해 주나요?**
구약 인물들의 삶에서 하나님의 신실하심을 볼 수 있습니다. 하나님은 약속하신 것을 끝까지 지키시는 분입니다. 언제나 신실하게 약속을 지켜 오셨으므로, 오늘날에도 성경의 약속이 이루어질 것을 확신할 수 있습니다.

▶ **하나님의 약속대로 예수님이 오심을 통해, 초대교회 성도들의 인생이 달라졌습니다. 이처럼 예수님 덕분에 내 인생의 방향이 어떻게 달라졌나요?**
이 질문에 관한 대답은 다양할 것입니다.

▶ **바벨론에 포로로 끌려갔던 유대인들처럼, 영적으로 세상에 던져진 듯한 느낌을 받은 적이 있었나요? 그런 상황에 놓인 나를 그리스도의 복음은 어떻게 건져 주었나요?**
그리스도인의 삶에서 믿음의 시련, 즉 '영적 추방'을 경험하는 일은 언제든지 일어날 수 있습니다. 하나님으로부터 멀어지거나 그분의 뜻에서 벗어났다고 느끼는 순간 그런 경험을 하게 됩니다. 그때는 그리스도와 복음에 주의를 집중하는 것이 중요합니다. 그럼으로써, 우리는 종종 감정에 속기도 한다는 사실과 하나님이 우리와 함께하기를 열망하셔서 예수님을 보내셨다는 사실을 깨닫게 됩니다.

▶ **이번 이야기가 예수님이 오신 이유를 이해하는 데 어떤 도움이 되었나요?**
이 질문에 관한 대답은 다양할 것입니다.

하나님의 이야기
하나님이 그분의 아들
예수 그리스도를 통해
우리를 구속해 주신 이야기

우리의 이야기
우리의 이야기가
하나님의 이야기와
만나는 곳

YOUR MISSION

생 각

첫 번째 계보에는 다말, 라합, 룻, 우리아의 아내(밧세바) 4명의 여인이 등장합니다. 흥미로운 사실은 믿음의 조상인 아브라함의 아내 사라, 이삭의 아내 리브가, 야곱의 아내 라헬은 여기에 포함되지 않았다는 것입니다. 심지어 계보에 포함된 룻은 이방인이었고, 다말과 밧세바는 피해자들이었으며, 라합은 기생이었습니다. 이들에게는 유대인과 결혼한 비유대인이라는 공통점이 있습니다. 이 여인들이 계보에 등장하는 것은 하나님이 예수님을 통해 온 열방이 복을 얻게 하시는 것을 더욱 강조해 줍니다.

- 계보에 나타난 이방 여자들은 온 민족에게 복을 주신다는 하나님의 약속과 관련하여 어떤 의미가 있는지 이야기해 봅시다.

  하나님은 자기 죄를 회개하고 주님을 믿는 모든 사람에게 은혜를 베푸십니다.

- 하나님은 그분의 자녀가 된 그리스도인을 통해 세상에 어떤 복을 주실까요?

  하나님은 열방에 그분의 사랑을 전하고, 그분의 은혜와 자비를 전하는 그리스도인들을 통해 세상에 복을 주십니다.

마 음

사랑의 하나님 아버지께서 그분의 자녀에게 주신 약속을 꾸준히 이루어 가시는 모습을 성경 곳곳에서 볼 수 있습니다. 실제로 하나님은 심지어 그분께 불순종하거나 그분의 말씀이 이루어질지 의심할 때조차 약속을 지키시는 분입니다. 하나님의 변함없는 신실함은 그분을 믿는 자들에게 용기를 북돋워 줍니다. 그분은 한결같이 약속을 지키실 뿐만 아니라 은혜 받을 자격이 없는 우리에게 행복과 기쁨을 주시기 위해 일하십니다.

- 예수님이 실제로 오신 사실로 인해 하나님의 신실함을 더욱 확고히 믿게 되었나요?

  이 질문에 관한 대답은 다양할 것입니다.

- 하나님이 바로 나 자신을 위해 오셨음을 의심했다면 그 이유는 무엇인가요? 하나님의 신실함에 관한 성경의 증언으로 그 의심은 사라졌나요?

  이 질문에 관한 대답은 다양할 것입니다.

행 동

예수님은 초대 교회 성도들만을 위해 오시지 않았습니다. 마찬가지로 지금의 우리만을 위해 오신 것도 아닙니다. 하나님은 예수님의 복음을 독차지하지 말고 대신 세상에 널리 선포하라고 하셨습니다. 예수님이야말로 역사의 중심이시며, 하나님의 구원을 이루는 유일한 분이십니다. 우리는 예수님을 알지 못하는 많은 사람에게 구원의 기쁜 소식을 선포해야 합니다.

- 자신에게 처음으로 복음을 전해 준 신실한 사람은 누구였나요?

  이 질문에 관한 대답은 다양할 것입니다.

- 다른 사람들에게 복음을 전하라는 하나님의 부르심에 신실하게 응답하고 있나요?

  이 질문에 관한 대답은 다양할 것입니다.

> 다음 모임까지
> **아모스 1~9장을**
> 읽어 보세요.

부록 1

성령님의 사역

구약성경	예수 그리스도	신약성경
하나님의 말씀을 수행하기 위해 하나님의 영(성령)이 수면 위에 **운행하심**(창 1:2~3; 시 33:6)	마리아를 **덮으셔서** 하나님의 아들이라 불리게 될 아들을 기적적으로 잉태하게 하심(눅 1:30~35)	새로운 피조물이 받는 첫 열매로 믿는 자들 안에 **거하심**(롬 8:22~25)
하나님의 백성을 인도하고 섬기도록 사람들에게 **기름 부으심**(출 35:30~35; 삼상 16:13)	예수님이 세례받으실 때 비둘기 같은 형체로 내려오시고, 예수님을 하나님의 아들로 **기름 부으시고** 메시아 사역을 감당하게 하심(마 3:16~17; 눅 4:14~21)	하나님의 자녀임을 증언하시고, 그들에게 **은사를 주사** 그리스도의 몸을 인도하고 섬기게 하심(롬 8:14~17; 고전 12장)
이스라엘 백성을 낮추고 시험하기 위해 40년 동안 광야로 **인도하심**(신 8:2)	사십 일을 주야로 금식하신 예수님을 사탄의 시험이 있는 광야로 **인도하심**(마 4:1)	예수님의 제자들이 지상 최고의 명령을 수행하도록 그들을 **인도하심**(마 10:16~20; 행 1:8)
하나님의 백성이 **변화되고** 하나님의 율법에 순종하도록 그들과 함께 거하시기로 약속됨(겔 36:25~27)	예수님이 성령님으로 세례를 주셔서 제자들이 **변화됨**(마 3:11)	하나님 나라에 들어갈 수 있도록 **거듭나게 하심**(요 3:3~8, 34; 딛 3:4~7)

02

천사가 마리아를 찾아왔어

요약

이 과에서 우리는 하나님이 마리아를 부르시는 장면을 목격하게 됩니다. 우리를 구원하기 위해 예수 그리스도를 보내시는 하나님의 놀라운 역사가 마리아에게서 시작됩니다. 당시 아마도 나이 어린 여인이었을 마리아는 가브리엘 천사에게서 하나님이 위대한 약속을 이루기 위해 그녀를 사용하시리라는 소식을 들었습니다. 하나님의 종으로서 그분의 뜻에 순종하는 마리아의 모습은 그리스도인의 모범이 됩니다. 마리아처럼 우리도 하나님의 종이자 그리스도를 따르는 제자로서 순종을 통해 그분을 높여 드려야 합니다.

성경

누가복음 1장 26~38절, 46~55절

HIS STORY

포 인 트	마리아는 하나님의 부르심에 믿음의 삶으로 응답했다.

등 장 인 물

삼위일체 하나님(성부, 성자, 성령)

마리아(예수님의 어머니)

가브리엘(성경에 기록된 두 천사 중 하나로 구약과 신약에 모두 등장함)

메시지 좌표

지금까지 아브라함과 다윗의 자손으로 오신 예수님의 계보를 살펴봤습니다. 이 과에서는 마리아의 삶과 가브리엘 천사와의 만남에 초점을 맞추겠습니다. 이 젊고 가난한 유대인 처녀는 자신이 신비롭게 아기를 갖게 될 것이며, 그 아기는 다른 아기들과는 다른 존재일 것이라는 천사의 소식을 듣게 됩니다. 이 아기가 바로 자기 백성을 구원하기 위해 그들 가운데 거하러 오신 하나님입니다. 마리아는 이 부르심에 어떻게 반응했을까요? 이 과에서 그 답을 찾아볼 것입니다.

도 입 ────────── 5~10분

하나님의 부르심이 우리를 언제나 안락한 상황으로 인도하지는 않습니다. 마리아의 삶에서 볼 수 있듯이, 하나님은 종종 놀라운 역사를 이루시기 위해 우리에게 주님을 끝까지 신뢰할 것을 요구하십니다. 마리아가 하나님의 아들을 낳으리라는 말씀은 불가능한 일이었습니다. 그래서 마리아가 질문했습니다. "도대체 어떻게요?"

▶ 하나님이 불가능해 보이는 일에 순종하라고 요구하신 적이 있나요?

마리아의 질문은 불신에서 나온 것이 아닙니다. 오히려 하나님이 어떻게 역사하실지 궁금해 하며 자신을 향한 하나님의 계획을 알고 싶은 열망에서 출발합니다. 그녀를 향한 하나님의 계획이 이해되지 않아도 마리아는 스스로 자신을 하나님의 종으로 여기며 하나님의 뜻에 겸손히 순종했습니다. 그리고 한 발 더 나아가 하나님을 찬양했습니다.

▶ 하나님이 주님을 위해 어려운 일을 하도록 부르실 때 순종했던 마리아의 모습은 우리에게 어떤 모범을 보여 주나요?

나는 주님의 것이에요

누가는 의사였으며, 당시 사회에서 소외된 계층의 사람들에게 관심이 있었습니다. 그는 자신이 편지를 쓰는 이유에 대해 짧게 설명한 후(1~4절), 예수님의 친족인 세례 요한이 태어나게 된 과정을 소개하며 예수님의 이야기를 시작했습니다. 두 아이가 어머니의 모태에서 태어나며 기적적으로 약속이 이루어졌습니다. 하나님 앞에서 흠 없이 살아온 사가랴와 엘리사벳 부부는 요한이라 불릴 아들을 낳을 것입니다. '처녀'라고 두 번이나 언급된 마리아는 예수라 불릴 하나님의 아들을 낳을 것입니다. 이처럼 불가능해 보이는 약속이 마침내 가난하고 소외된 사람들을 통해 성취되었습니다.

²⁶여섯째 달에 천사 가브리엘이 하나님의 보내심을 받아 갈릴리 나사렛이란 동네에 가서 ²⁷다윗의 자손 요셉이라 하는 사람과 약혼한 처녀에게 이르니 그 처녀의 이름은 마리아라

도입 선택

조별로 성경책에서 하나님의 부르심에 믿음으로 반응했던 인물을 두 명 이상 찾아보게 하십시오. 얼마간 시간을 준 뒤 각 조에서 찾은 내용을 나누게 하십시오. 그리고 나서 다음 질문에 답하게 하십시오.

- *그들의 믿음을 보인 이유는 무엇일까요?*
- *그들의 신실한 믿음에서 어떤 교훈을 얻을 수 있나요?*

성경의 많은 사례에서처럼, 마리아는 그저 평범한 소녀일 뿐이었습니다. 게다가 하나님이 그녀에게 하신 말씀은 불가능한 일로 보였습니다. 그래서 마리아는 하나님께 어떻게 그런 기적 같은 일을 행하실지 질문했던 것입니다. 천사의 말에 마리아는 하나님의 뜻에 겸손히 순종하며 자기를 복되게 하시는 하나님을 찬양했습니다. 물론 마리아가 걷게 될 순종의 길은 순탄하지 않을 것입니다. 그런데도 마리아는 겸손한 믿음의 자세로 순종하며 하나님을 찬양했습니다.

- *하나님의 부르심을 따라 어려운 길을 걸은 적이 있나요? 마리아의 순종하는 자세는 우리에게 어떤 교훈을 주나요?*

²⁸그에게 들어가 이르되 은혜를 받은 자여 평안할지어다 주께서 너와 함께하시도다 하니 ²⁹처녀가 그 말을 듣고 놀라 이런 인사가 어찌함인가 생각하매 ³⁰천사가 이르되 마리아여 무서워하지 말라 네가 하나님께 은혜를 입었느니라 ³¹보라 네가 잉태하여 아들을 낳으리니 그 이름을 예수라 하라 ³²그가 큰 자가 되고 지극히 높으신 이의 아들이라 일컬어질 것이요 주 하나님께서 그 조상 다윗의 왕위를 그에게 주시리니 ³³영원히 야곱의 집을 왕으로 다스리실 것이며 그 나라가 무궁하리라 ³⁴마리아가 천사에게 말하되 나는 남자를 알지 못하니 어찌 이 일이 있으리이까 ³⁵천사가 대답하여 이르되 성령이 네게 임하시고 지극히 높으신 이의 능력이 너를 덮으시리니 이러므로 나실 바 거룩한 이는 하나님의 아들이라 일컬어지리라 ³⁶보라 네 친족 엘리사벳도 늙어서 아들을 배었느니라 본래 임신하지 못한다 고 알려진 이가 이미 여섯 달이 되었나니 ³⁷대저 하나님의 모든 말씀은 능하지 못하심이 없느니라 ³⁸마리아가 이르되 주의 여종이오니 말씀대로 내게 이루어지이다 하매 천사가 떠나가니라(눅 1:26~38)

마리아를 찾아온 가브리엘 천사는 천사들이 흔히 그러하듯이 시를 읊듯이 말씀을 전했습니다. 시작 부분을 직역하면 '무서워하지 말라'입니다. 이는 천사들이 하나님의 메시지를 받는 사람에게 종종 하는 인사입니다.

두려워하는 마리아에게 나타난 가브리엘 천사는 하나님이 그녀에게 은혜를 베푸셔서 예수라 불릴 하나님의 아들을 낳게 하실 것이라고 말했습니다. 마리아와 혼인할 요셉은 다윗의 자손입니다. 예수님은 하나님이 다윗과 그의 자손에게 주신 약속의 성취가 되실 것입니다. 그분은 야곱의 집을 영원히 다스리실 것이며, 그 나라는 무궁할 것입니다. 가난하고 외진 나사렛 마을에서 다윗의 영원한 왕위에 앉을 왕이 태어나실 것입니다.

가브리엘 천사가 전해 준 소식은 놀라우면서 기쁜 것이었습니다. 마리아는 무엇을 기뻐해야 했을까요? '은혜를 받았다'라는 가브리엘의 말은 무슨 의미일까요?

"처녀가 어떻게 아이를 가질 수 있단 말입니까?" 마리아의 질문은 합리적인 것이었습니다. 가브리엘 천사는 "지극히 높으신 이의 능력이 너를 덮으시리니"(눅 1:35)라고 답했습니다. 여기서 '덮다'로 번역된 단어는 고대 그리스어인데, 창세기에서 수면 위에 '운행'하신 성령을 묘사할 때 쓰인 단어와 같습니다(창

1:2). 가브리엘 천사는 주님이 약속을 성취하시리라는 확신을 주기 위해 그녀의 나이 많은 친척 엘리사벳이 임신한 지 이미 6개월이 되었다고 알려 주었습니다.

마리아는 자신을 "주의 여종"이라고 고백하며 믿음으로 반응했습니다. 이것이 마리아가 가진 정체성이었습니다. 종에게는 선택권이라는 것이 없습니다. 그저 주인의 명령을 따라야 할 뿐입니다. 비록 아는 것이 많지는 않았다 할지라도, 마리아는 뿌리 깊은 믿음이 있었기에 순종할 수 있었습니다. 자신의 삶을 향한 하나님의 계획에 그녀는 이미 순종할 자세가 되어 있었던 것입니다.

알짬 교리 99

천사

성경에 의하면, 하나님은 인간과 동물뿐 아니라 다른 피조물도 창조하셨습니다. 그중에는 '하나님의 아들', '거룩한 자', '영', '통치자', '권세'로 불리는 천사도 있습니다. '천사'로 번역된 헬라어 단어는 원래 '메시지를 전달하는 사자'를 뜻합니다. 하나님의 말씀을 전하는 것이 그들의 존재 이유임을 알 수 있습니다. 성경에서 천사는 여러 가지 역할을 수행했습니다. 즉 하나님께 영광을 돌리고, 그분의 계획과 목적에 따라 임무를 수행하고, 보이지 않는 세계가 실제로 있음을 인간에게 일깨워 주었습니다.

내 마음이 주님을 기뻐해요

하나님의 구원에 감사하며 찬양하는 모습은 누가복음에 나오는 아름다운 장면 중 하나입니다. 거의 모든 천사가 노래나 시적인 말로 전했습니다. 천사들이 목자들에게 아기 예수의 탄생을 말해 주었듯이, 가브리엘 천사가 마리아에게 하나님의 약속을 전했고, 마리아는 찬양으로 응답했습니다. 불과 몇 구절 뒤에서 사가랴도 하나님을 찬양했습니다.

예수님의 탄생은 한 아기가 태어난 것 이상의 의미가 있습니다. 왜냐하면 새로운 희망의 탄생이기 때문입니다. 이에 합당한 반응은 찬양뿐입니다. 가난한 마을의 보잘것없는 소녀든지 하늘에서 내려온 천사든지 주님을 찬양해야 할 것입니다. 마리아가 하나님의 자비하심과 선하심을 어떻게 노래하며 높였는지 살펴보겠습니다.

> [46]마리아가 이르되 내 영혼이 주를 찬양하며 [47]내 마음이 하나님 내 구주를 기뻐하였음은 [48]그의 여종의 비천함을 돌보셨음이라 보라 이제 후로는 만세에 나를 복이 있다 일컬으리로다 [49]능하신 이가 큰 일을 내게 행하셨으니 그 이름이 거룩하시며 [50]긍휼하심이 두려워하는 자에게 대대로 이르는도다(눅 1:46~50)

마리아가 찬양한 내용에는 어떤 공통점이 있나요?

아담이 처음 하와를 보고 반응한 것처럼(창 2:23), 하나님의 은혜와 자비에 우리는 서정적으로 반응하게 됩니다. 광야에서 구원해 주신 하나님을 경험한 이스라엘 백성은 찬양으로 응답했습니다(출 15:1~18). 시편에서 다윗은 자신을 향한 하나님의 놀라운 자비에 관해 끊임없이 찬양했습니다. 하나님의 신실하신 언약이 스러진 듯 멀게 느껴질 때에도 시편 기자들은 희망의 끈을 놓지 않고 결국 신실하신 하나님이 약속을 지켜 주시리라고 믿으며 찬양했습니다.

약 4백 년간 희망의 찬양이 사라졌던 이스라엘에 이제 예수님의 탄생으로 새로운 주제의 찬양이 시작되었습니다. 천사들, 사가랴, 시므온 그리고 마리아는 하나님이 주신 새 희망의 노래를 부를 수 있었습니다. 찬양은 희망을 전하는 최고의 방법입니다. 찬양은 글보다 마음을 더 잘 드러내고, 우리가 노래한 그 순간의 기억을 생생하게 불러일으킵니다. 마리아의 찬양에서도 우리는 그녀의 아름다운 순종을 생생하게 느낄 수 있습니다. 우리는 하나님께 선택권을 내려놓고 자기 자신을 내어 맡긴 후에야 비로소 진정으로 찬양할 수 있게 됩니다. 마리아는 주님께 매인 자였지만, 사실은 자유로운 자였습니다.

주님이 어떤 분인지 알아요

두려움 가운데서 마리아가 부르던 노래는 세상이 뒤집히게 되리라는 진리를 시적으로 찬양한 것입니다. 이 같은 격한 역전이 바로 누가복음의 중심 주제입니다.

> [51]그의 팔로 힘을 보이사 마음의 생각이 교만한 자들을 흩으셨고 [52]권세 있는 자를 그 위에서 내리치셨으며 비천한 자를 높이셨고 [53]주리는 자를 좋은 것으로 배불리셨으며 부자는

빈손으로 보내셨도다 [54] 그 종 이스라엘을 도우사 긍휼히 여기시고 기억하시되 [55] 우리 조상에게 말씀하신 것과 같이 아브라함과 그 자손에게 영원히 하시리로다 하니라 (눅 1: 51~55)

마리아의 표현을 보면, 그녀의 마음과 머릿속에 구약의 시편과 찬양이 가득했음을 알 수 있습니다. 그녀는 노래하는 순간만큼은 시편 기자가 되었습니다. 다윗처럼, 그녀도 하나님이 주신 오래된 소망에 따라 태어나실 이가 바로 새 소망이심을 알았습니다.

복음서를 통해 우리는 하나님이 늘 세상을 뒤집어 오셨음을 보게 됩니다. 장차 나오는 새로운 소망들은 성경 속 수많은 노래의 주제가 되었습니다. 이 소망은 소외된 자들, 심령이 가난한 자들에게 주어질 것입니다. 부요한 자가 되려면, 부요함을 버릴 줄 알아야 합니다. 지혜로운 자가 되려면, 십자가의 어리석음을 받아들일 줄 알아야 합니다. 성숙한 자가 되려면, 어린아이와 같이 되어야 합니다. 진실로 자유로운 자가 되려면, 주님께 매인 자가 되어야 합니다. 예수님은 모든 것을 잃으심으로써 모든 것을 얻으셨습니다.

그리스도와의 연결

마리아는 여성을 홀대하는 시대에 살았습니다. 그런데 나사렛에 사는 바로 그녀가 놀랄 만한 하나님의 약속을 받았습니다. 그녀는 가브리엘 천사의 말에 지체 없이 곧바로 반응함으로써 하나님을 향한 마음을 고스란히 드러냈습니다. 하나님이 주인이시며 자신은 그분의 보잘것없는 종이라는 사실을 알았던 것입니다.

복음서 어디에도 마리아가 메시아의 어머니로 부름 받은 후 내적으로 고민하는 모습이 보이지 않습니다. 하나님께 순종했던 그녀는 예수님의 마음과 삶에 큰 영향을 미쳤을 것입니다. 즉각적으로 순종하는 그녀의 태도가 어린 시절 예수님께도 자연스럽게 새겨졌을 것입니다. 그래서 예수님이 하나님의 종으로서 감당해야 할 일이 생겼을 때, 그 어머니 마리아가 하나님의 뜻에 온전히 순종했던 모습이 그분께 힘이 되었을 것입니다. 하나님이 인간의 몸을 입고 여인을 통해 이 세상에 오셨으니, 성육신이란 얼마나 아름다운 신비입니까 (빌 2:6~11)!

YOUR STORY

하나님이 들려주시는 이야기는 오늘을 사는 나와 늘 연결되어 있습니다. 아래 질문에 답하면서 성경 이야기가 내 이야기와 어떻게 연결되는지 생각해 봅시다.

▶ 사가랴의 질문은 왜 연약한 믿음의 상징이 되었고, 마리아의 질문은 왜 강한 믿음의 상징이 되었을까요? 천사가 전한 하나님의 메시지에 마리아가 보인 반응에서 무엇을 배울 수 있을까요?

우리는 하나님이 하시는 일을 완전히 이해하지 못하거나, 의문을 가질 수 있습니다. 하지만 하나님이 우리의 유익과 기쁨을 위해 일하심을 믿고 그분을 신뢰해야 합니다.

▶ 자신을 주의 여종이라고 부르며, 주님의 뜻에 기꺼이 순종한 마리아는 신실한 그리스도인이 갖추어야 할 신앙의 모범을 어떻게 보여 주었나요? 하나님의 계획에 순종한다는 것은 어떤 의미일까요?

사람은 교만하게 자기 뜻대로 살아가려 하기에, '내 뜻대로'가 아닌 '주님 뜻대로'라고 고백하는 것은 기적과도 같은 일입니다. 그리스도인은 언제 어디서든 주님 뜻대로 살라고 부름받은 사람들입니다. 삶을 사는 방식이 각기 다를 수도 있지만 말입니다. 학생들이 자신들 문화에서 하나님의 뜻을 추구할 수 있는 방법에 대해 깊이 생각해 볼 수 있도록 도와주십시오

▶ 하나님의 선하심과 자비하심을 찬양한 곡 가운데 좋아하는 두세 개를 꼽아 보세요. 어떤 점에서 마음에 와 닿았나요? 그 곡들은 하나님의 어떤 성품을 찬양하고 있나요?

이 질문에 관한 대답은 다양할 것입니다.

▶ 우리 교회는 세상을 뒤집어 오신 하나님 나라의 가치를 어떤 방식으로 보여 주고 있나요? 또한 하나님 나라의 가치를 실천하는 그리스도인의 삶은 세상의 가치에 어떻게 도전하게 될까요?

이 질문에 관한 대답은 다양할 것입니다.

하나님의 이야기
하나님이 그분의 아들
예수 그리스도를 통해
우리를 구속해 주신 이야기

우리의 이야기
우리의 이야기가
하나님의 이야기와
만나는 곳

5~10분

YOUR MISSION

생 각

'자비'란 받을 자격이 없는 자에게 주어지는 최고의 선물일 것입니다. 인간은 하나님이 자기 아들을 보내심으로써 베푸신 자비에 시와 노래로 응답합니다. 우리는 하나님에게서 어떤 것을 기대할 만한 권한이 없습니다. 그러나 하나님은 우리에게 독생자를 보내시며 모든 것을 주셨습니다. 이것이 하나님의 자애로움입니다. 우리는 가장 낮은 곳에 처하게 될 때 하나님의 자비가 간절히 필요하게 됩니다. 그것이 바로 예수님이 이 세상에 오신 이유입니다.

- **받을 만한 사람에게 주어지는 것은 왜 자비가 아닐까요?**
  자비는 노력해서 얻는 것이 아니기 때문입니다. 만약 받을 만한 자격이 있어서 받는 것이라면, 그것은 값없이 베풀어지는 은혜가 아니라 대가나 보수일 것입니다.

- **하나님이 죄인에게 자비를 베풀어 주신다는 사실을 기억하는 것이 왜 중요할까요?**
  기억하는 행위를 통해 다른 사람들도 하나님의 구원의 자비와 사랑의 잠정적 수혜자라는 사실을 깨닫고 겸손해질 수 있기 때문입니다.

마 음

누가는 웅장한 성전에 있는 신실하지 못한 제사장과, 나사렛에 사는 가난하지만 신실한 소녀가 가브리엘 천사와 대면하는 장면을 대조합니다. 제사장 사가랴는 가브리엘 천사가 하나님의 임재 가운데 나타났는데도 그의 말을 믿지 못한 채 의문을 제기합니다(눅 1:18). 소녀 마리아 또한 가브리엘의 메시지에 질문을 던졌지만, 그것은 하나님의 뜻이 어떻게 실현될 것인가에 관한 질문일 뿐 불신앙에서 비롯된 것은 아니었습니다.

- **소녀 마리아가 보여 준 신앙을 보면서 어떤 부분에서 나는 하나님께 순종할 용기를 얻을 수 있을까요?**
  이 질문에 관한 대답은 다양할 것입니다.

- **지금까지 경험한 하나님의 자비를 노래로 만든다면 어떤 노래가 될까요?**
  이 질문에 관한 대답은 다양할 것입니다.

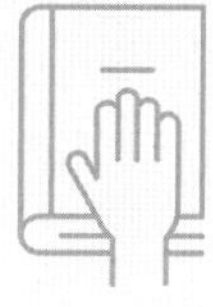

행 동

교회의 역사를 보면, 예수님을 따른 제자들이 모든 것을 바쳤음을 알 수 있습니다. 요한을 뺀 나머지 사도들에게 신실한 믿음의 최종 대가는 죽음이었습니다. 독일의 신학자이자 순교자인 디트리히 본회퍼는 "그리스도께서 부르시는 것은 와서 죽으라는 명령이다"라는 유명한 말을 남겼습니다. 그리스도 안에서 새로운 삶을 살기란 쉽지 않습니다. 예수님은 세상에서의 안락한 삶을 약속한 적이 없으십니다. 오히려 기꺼이 모든 것을 포기한 채 그분을 따를 것을 요구하십니다(마 16:24).

- **나는 '나를 따르라'라고 예수님이 명령하신다면 무엇이라고 응답할지 나눠 봅시다.**
  이 질문에 관한 대답은 다양할 것입니다.

- **예수님께 신실하지 못하도록 방해하는 요소들이 있다면 그것은 무엇인가요?**
  이 질문에 관한 대답은 다양할 것입니다.

다음 모임까지
호세아 1~9장을
읽어 보세요.

부록 2

주요 인물

바리새인과 사두개인

바리새인은 하나님을 섬기는 예식과 절차를 따랐으며 죽은 자의 부활을 믿었습니다. 사두개인은 율법을 엄격히 준수하고 죽은 자의 부활을 완강히 부인했습니다(마 22:23). 이들은 모두 예수님의 사역을 반대하며 그분을 죽이고자 계획했습니다(막 3:6).

니고데모

바리새인으로서 지도자였던(요 3:1) 니고데모는 밤에 예수님을 찾아와 '영생'에 관해 질문한 것으로 유명합니다(요 3:1~21). 이 대화에서 니고데모는 하나님 나라에 들어가기 위해서는 거듭나야 한다는 것을 배웠습니다(요 3:3).

세례 요한

사가랴와 마리아의 친척이자 엘리사벳의 아들인 요한은 예수님보다 먼저 난 자였습니다. 그는 사람들에게 설교하고 세례를 베풀면서 예수님의 길을 예비했습니다(마 3:11, 15; 요 1:15~17, 33~34).

예수님

하나님의 영원한 아들이신 예수님은 마리아의 태를 통해 지상에 보내심을 받았습니다. 그분은 태초에 하나님과 함께 계셨습니다. 그리고 만물은 그분으로 인해, 그분을 통해, 그리고 그분을 위해 창조되었습니다(요 1:1~3; 골 1:16). 공생애 동안, 예수님은 고난과 시험을 당하셨으나 결코 죄를 짓지 않으셨습니다(히 4:15). 그분은 십자가에 달려 죽기까지 온전히 아버지께 순종하며, 단 한 번의 완전한 희생을 통해 인류를 구원하셨습니다(빌 2:8; 히 10:14).

삭개오

불의한 자로 알려진 세리장 삭개오는 키가 작아 돌무화과나무에 올라가서야 예수님을 볼 수 있었습니다(눅 19:2~9). 예수님이 삭개오에게 나무에서 내려와 함께 식사하자고 청하시자 그는 회개했습니다. 그리고 자신이 속여 뺏은 돈을 모두 돌려줄 것을 약속했습니다(눅 19:8).

마리아와 요셉

예수님의 어머니 마리아와 세상의 아버지 요셉입니다. 마리아는 하나님이 계시하신 약속된 메시아를 낳았습니다(사 7:14; 눅 1:31). 또한 요셉은 주님이 보여 주신 꿈을 통해 '마리아의 잉태가 성령으로 이루어졌다'는 것을 알았습니다(마 1:20). 예수님의 사역에서 요셉은 언급되지는 않았지만, 마리아는 예수님이 십자가에 못 박히신 것을 보고 후에 그분의 제자 중 한 사람이 되었습니다(요 19:25).

제자들

열두 명의 남자들이 예수님의 제자로 부르심을 받아(마 4:18~22; 9:9; 막 1:16~20; 눅 5:1~11) 그분의 사역에 참여하면서(막 6:7; 눅 2:1) 다른 이들에게 복음을 전했습니다(마 28:19~20). 이들은 '열두 제자'로 불렸습니다. 그 열둘은 베드로, 안드레, 세베대의 아들 야고보와 요한, 빌립, 바돌로매, 도마, 마태, 알패오의 아들 야고보와 다대오, 가나안인 시몬, 가룟 유다였습니다(마 10:1~4). 제자들은 예수님을 가까이에서 따르는 자들을 의미했습니다. 그러나 지금은 그리스도를 따르는 모든 사람이 제자로 불립니다(눅 14:26~27).

* **학생용 교재 '부록 1'(87쪽).**

03

예수님이 태어나셨어!

요 약

이 과에서는 마태복음과 누가복음에 기록된 예수님의 탄생을 중점적으로 살펴볼 것입니다. 여기서 우리는 하나님이 인간의 몸을 입고, 갓난아기의 모습으로 세상에 오신 아름다운 장면을 보게 될 것입니다. 누가는 예수님이 낮고 초라한 곳에서 태어나셨으며, 당시 사회에서 푸대접받던 목자들에게 탄생 소식이 제일 먼저 선포되었다고 전했습니다. 마태는 동방 박사들의 경배를 통해 온 열방에 복음을 전하고자 하시는 하나님의 계획을 알 수 있다고 했습니다. 그리스도인은 예수 그리스도의 탄생을 기뻐하고 찬양한 목자들과 동방 박사들을 본받아야 합니다.

성 경

마태복음 2장 1~12절, 누가복음 2장 1~20절

| 포 인 트 | 예수님의 탄생 이야기는 하나님 나라가 모든 사람을 위한 것임을 가르쳐 준다. |

등 장 인 물

예수님(하나님의 아들, 성자 하나님)

동방 박사(동방에서 아기 예수님께 바칠 선물을 가져온 현자들)

헤롯(그리스도 탄생 시기에 로마 제국의 임명으로 예루살렘을 다스렸던 왕, 유대인의 왕이 태어났다는 소식을 듣고 피해망상에 빠짐)

메시지 좌표

연대기를 따라가는 여정에서 만날 다음 이야기는 성경에서 가장 유명한 '예수님의 탄생' 이야기입니다. 성경의 많은 인물과 사건을 모두 기억하기는 어렵습니다. 하지만 해마다 찾아오는 크리스마스 덕분에 예수님의 탄생과 관련된 이야기는 잊지 않고 기억할 수 있습니다. 이 이야기는 우리에게 매우 친숙한데, 오히려 그래서 놓치고 있는 내용은 없는지 더욱 유심히 귀 기울여 들어볼 필요가 있습니다.

도 입   5~10분

우리는 예수님이 십자가에서 죽으신 일을 그분이 낮아지신 일이라고 생각하곤 합니다. 그러나 애초에 그분은 낮아진 상황에서 탄생하셨습니다. 예수님 시대에는 '선인'은 부유하며 '죄인'은 가난하다는 믿음의 가치 체계가 있었습니다. 예수님은 매우 가난하게 태어나셨습니다. 사도 바울은 주님이 "종의 형체를 가지사 사람들과 같이 되셨고"(빌 2:7)라고 증언했습니다. 심지어 훗날 예수님은 "인자는 머리 둘 곳이 없도다"(눅 9:58)라고까지 말씀하셨습니다.

누가가 표현한 예수님의 탄생에 관한 묘사는 예수님의 생애가 어떨지를 보여 줍니다. 메시아께서 처음 누운 곳은 구유였으며, 처음 몸에 걸친 옷은 누더기였습니다. 이것이 하나님의 낮아지심입니다. 하나님은 인간이 되셨습니다. 그럼으로써 우리에게 하나님의 위대한 사랑을 보여 주셨습니다.

▶ 교만한 사람의 특징은 무엇인가요? 겸손한 사람의 특징은 무엇인가요?

태어날 때부터 아웃사이더셨어

예수님의 초라한 탄생 이야기는 누가복음을 관통하는 주제 가운데 하나입니다. 누가는 예수님의 삶과 사역을 묘사하면서 그분의 사역을 이해하지 못했던 사람들을 보여 줍니다. 부자나 지식인이나 종교인은 무슨 일이 일어나는지 깨닫지 못했습니다. 오히려 하나님이 하시는 일을 절대 알 수 없을 것만 같았던 사람들, 즉 여자나 가난한 사람이나 소외된 사람들이 예수님 탄생의 의미를 즉시 알아차렸습니다.

[1]그때에 가이사 아구스도가 영을 내려 천하로 다 호적하라 하였으니 [2]이 호적은 구레뇨가 수리아 총독이 되었을 때에 처음 한 것이라 [3]모든 사람이 호적하러 각각 고향으로 돌아가매 [4]요셉도 다윗의 집 족속이므로 갈릴리 나사렛 동네에서 유대를 향하여 베들레헴이라 하는 다윗의 동네로 [5]그 약혼한 마리아와 함께 호적하러 올라가니 마리아가 이미 잉태하였더라 [6]거기 있을 그때에 해산할 날이 차서 [7]첫아들을 낳아 강보로 싸서 구유에 뉘었으니 이는 여관에 있을 곳이 없음이러라 (눅 2:1~7)

누가는 예수님의 탄생을 네 구절(4~7절)로 간단하게 들려주었습니다. 요셉은 갈릴리에서 유다와 베들레헴(헤롯의 성에 가려진)을 향해 남쪽으로 갔습니다. 인구 조사를 받기 위해 임신 중인 약혼녀 마리아가 동행했습니다.

누가는 7절에서 예수님의 탄생을 알렸습니다. 아기 예수는 강보에 싸여 구유에 누워 있었습니다. 강보는 '누더기' 상태의 포대기였을 것이고, 구유는 베들레헴 어느 집의 동굴이나 지하에 있었을 것입니다. 여관에 있을 곳이 없어서 가축을 두던 축사로 가야 했던 것입니다. 그러나 이러한 열악한 환경에서도 하나님의 예비하심을 볼 수 있습니다. 그곳은 솜털처럼 부드럽고 따뜻했습니다. 요셉과 마리아와 아기 예수는 그곳에서 한동안 안전하게 지냈습니다(마태복음 2장 13절에 따르면, 그들은 목숨을 부지하기 위해 도망치게 됩니다).

성탄절 연극이나 설교 등의 틀에 박힌 장면은 예수님의 탄생이 어떤 상황 가운데 이루어졌는지를 제대로 보여 주지 못합니다. 성경 본문을 상세히 읽고 당시 배경을 조금만 공부한다면, 예수님이 태어나셨던 때에 관하여 분명히 알 수 있습니다. '여관'이라는 단어는 잘못된 번역입니다만, 객실이 있는 숙박 시설에 빈방이 없었던 것은 사실입니다. 당시에는 적당한 크기의 가정집 일부가 객실로 쓰였을 것입니다. 요점은 예수님이 어떤 곳에서 태어나셨느냐가 아니라, 빈방이 없었다는 데 있습니다. 하나님의 아들이 태어나시는데, 세상은 마땅한 곳을 내어 드리지도 않았습니다! 남은 곳이라고는 어느 집 지하의 동굴 같은 곳, 동물을 키우던 곳밖에 없었습니다.

students

인간의 몸을 입고 오신 하나님이 가축의 축사에서 태어나셨습니다. 묵을 수 있는 빈방이 없는 상황에서 요셉과 마리아가 할 수 있는 최선의 선택은 축사였습니다. 이 같은 면모를 예수님은 이 땅에서 내내 보이실 것입니다. 하나님과 함께 모두 것을 창조하신 분이 우리를 위해 자기 머리를 둘 곳조차 없이 가난하게 태어나셨습니다.

본문을 살펴볼 때, 예수님의 탄생에 관한 성경의 묘사는 지금 우리가 알고 있는 것과 어떻게 다른가요?

누더기에 싸인 아기를 봐

고대하던 메시아가 드디어 오셨다는 소식이 가난하고 소외된 사람들에게 가장 먼저 전해졌습니다. 바로 목자들에게 말입니다.

[8]그 지역에 목자들이 밤에 밖에서 자기 양 떼를 지키더니 [9]주의 사자가 곁에 서고 주의 영광이 그들을 두루 비추매 크게 무서워하는지라 [10]천사가 이르되 무서워하지 말라 보라 내가 온 백성에게 미칠 큰 기쁨의 좋은 소식을 너희에게 전하노라 [11]오늘 다윗의 동네에 너희를 위하여 구주가 나셨으니 곧 그리스도 주시니라 [12]너희가 가서 강보에 싸여 구유에 뉘어 있는 아기를 보리니 이것이 너희에게 표적이니라 하더니 [13]홀연히 수많은 천군이 그 천사들과 함께 하나님을 찬송하여 이르되 [14]지극히 높은 곳에서는 하나님께 영광이요 땅에서는 하나님이 기뻐하신 사람들 중에 평화로다 하니라 [15]천사들이 떠나 하늘로 올라가니 목자가 서로 말하되 이제 베들레헴으로 가서 주께서 우리에게 알리신 바 이 이루어진 일을 보자 하고 [16]빨리 가서 마리아와 요셉과 구유에 누인 아기를 찾아서 [17]보고 천사가 자기들에게 이 아기에 대하여 말한 것을 전하니 [18]듣는 자가 다 목자들이 그들에게 말한 것들을 놀랍게 여기되 [19]마리아는 이 모든 말을 마음에 새기어 생각하니라 [20]목자들은 자기들에게 이르던 바와 같이 듣고 본 그 모든 것으로 인하여 하나님께 영광을 돌리고 찬송하며 돌아가니라(눅 2:8~20)

주의 영광에 둘러싸인 천사가 목자들 앞에 나타났습니다. 천사는 두려워하는 목자들에게 "무서워하지 말라"고 했습니다(누가는 이 천사가 가브리엘이라고 언급하지는 않습니다). 천사는 그들에게 온 백성에게 미칠 큰 기쁨의 좋은 소식을 전해 주러 왔다고 선포했습니다.

천사가 목자들에게 아기 예수를 찾을 수 있는 두 가지 징표를 알려 주었습니다. 첫째, 아기는 '강보'에 싸여 있을 것이며, 둘째, '구유'에 누워 있을 것입니다. '징표'란 평범하지 않은 어떤 것을 보여 주는 것입니다. 누구나 아기를 포대기에 잘 싸서 안전한 곳에 눕히므로, 이처럼 누더기에 싸여 구유에 누워 있는 아기의 모습을 상상하기란 매우 어렵습니다. 소외된 사람을 위해 오신 주님은 우리가 상상할 수조차 없는 가난한 모습으로 묘사되셨습니다.

누가복음은 예수님의 탄생을 특별한 그림으로 제공했습니다. 누가는 1장에서 목격자로부터 증언을 들었다고 주장했습니다. 마리아가 예수님의 탄생에 관해 들려주었으리라 짐작됩니다. 누가는 누더기에 싸여 구유에 누인 아기 예수를 묘사하면서, 당시 극빈했던 상황에 주목했습니다. 그런데 누가가 가난한 목자들이 아기 예수를 방문한 것을 기록했던 것과 달리, 마태는 부유한 동방 박사들이 아기 예수께 경배한 장면을 묘사했습니다.

천사들이 떠나자마자 목자들은 천사의 메시지가 사실인지 알아보기 위해 베들레헴으로 즉시 떠났습니다. 성경은 그들이 아기 예수를 찾는 데 얼마나 걸렸는지 말해 주지 않습니다. 그러나 결국 그들은 예수님을 찾았습니다. 천사의 메시지가 사실임을 확인한 그들은 어떻게 반응했을까요? 그들은 사람들에게 달려가 자신들이 들었던 천사의 메시지를 모두 전했습니다. 이것이 바로 기쁜 소식, 즉 복음입니다.

자신들이 본 광경에 흥분했던 목자들이 떠나자, 누가는 마리아에게 주목했습니다. 마리아는 모든 일을 조심스럽게 기억해 두었습니다. 그것에 관해 곰곰이 생각하고, 평생 마음에 새겼을 것입니다. 그는 사회에서 소외된 나이 어린 여인에게 전능하신 분이 그처럼 '큰일'을 행하셨다는 사실에 분명 놀랐을 것입니다. 또한 예수님의 탄생 현장에 왕실 고관이 아닌 미천한 목자가 다녀갔다는 것을 이해하기 힘들었을 것입니다.

온 열방이 주님께 경배할 거야

이제부터 우리는 누가복음에서 마태복음으로 옮겨 예수님의 탄생 이야기를 살펴볼 것입니다. 이야기는 축사에서 집으로, 목자들에서 동방 박사들로 이어집니다.

¹헤롯왕 때에 예수께서 유대 베들레헴에서 나시매 동방으로부터 박사들이 예루살렘에 이르러 말하되 ²유대인의 왕으로 나신 이가 어디 계시냐 우리가 동방에서 그의 별을 보고 그에게 경배하러 왔노라 하니 ³헤롯왕과 온 예루살렘이 듣고 소동한지라 ⁴왕이 모든 대제사장과 백성의 서기관들을 모아 그리스도가 어디서 나겠느냐 물으니 ⁵이르되 유대 베들레헴이오니 이는 선지자로 이렇게 기록된 바 ⁶또 유대 땅 베들레헴아 너는 유대 고을 중에서 가장 작지 아니하도다 네게서 한 다스리는 자가 나와서 내 백성 이스라엘의 목자가 되리라 하였음이니이다 ⁷이에 헤롯이 가만히 박사들을 불러 별이 나타난 때를 자세히 묻고 ⁸베들레헴으로 보내며 이르되 가서 아기에 대하여 자세히 알아보고 찾거든 내게 고하여 나도 가서 그에게 경배하게 하라 ⁹박사들이 왕의 말을 듣고 갈새 동방에서 보던 그 별이 문득 앞서 인도하여 가다가 아기 있는 곳 위에 머물러 서 있는지라 ¹⁰그들이 별을 보고 매우 크게 기뻐하고 기뻐하더라 ¹¹집에 들어가 아기와 그의 어머니 마리아가 함께 있는 것을 보고 엎

드려 아기께 경배하고 보배합을 열어 황금과 유향과 몰약을 예물로 드리니라 [12]그들은 꿈에 헤롯에게로 돌아가지 말라 지시하심을 받아 다른 길로 고국에 돌아가니라(마 2:1~12)

헤롯왕은 편집증 때문에 아내와 아들들을 죽였습니다. 이야기는 그가 말년에 권력을 유지하기 위해 집착하는 장면으로 시작됩니다. 동방 박사들로부터 새로운 왕이 태어났다는 소식을 듣고 난 그에게 사악한 상상력이 요동치기 시작했습니다.

여기서 '박사'란 다니엘 시대 이후 권위를 행사해 오던 지식인 정치 세력을 가리킵니다. 느부갓네살왕은 다니엘을 '바벨론 모든 지혜자의 어른' 즉 박사로 삼기도 했습니다(단 2:48; 5:11). 그들은 천문학자이자 점성가로, 유대 경전을 포함한 고대 종교 관련 서적을 연구하던 사람들이었습니다. 그래서 별을 따라 예루살렘까지 갈 수 있었던 것입니다(민 24:17).

동방 박사들이 도착할 무렵에 요셉과 마리아는 어떤 집에서 살고 있었습니다. 예수님을 아기로 묘사한 것을 보면, 대략 두 살쯤 되셨을 것으로 짐작됩니다. 박사들이 무릎을 꿇고 예수님께 경배했습니다. 박사들은 방대한 지식과 권위를 가진 사람들이었지만, 세상 그 무엇으로도 채울 수 없는 것이 그들의 가슴에 있었습니다. 이것이 그들로 하여금 페르시아에서부터 2년에 걸쳐 여행을 하게 만들었습니다. 그들은 그 소박한 집에서 자신들이 고대하던 모든 것을 찾았습니다. 그들은 아기 예수께 예물을 드렸습니다. 이 예물은 예수님의 가족이 애굽으로 피신할 때 유용하게 쓰일 것입니다. 할 일을 마친 동방 박사들은 꿈에서 지시받은 대로 다른 길로 귀향했습니다.

> 하나님의 아들의 어린 시절은 환상이 아니라 실제였습니다.
> 생각하면 할수록 믿기 어려울 것입니다.
> 그 어떤 허구도 성육신의 진리만큼 환상적이지는 않으니 말입니다.
> 제임스 패커 J. I. Packer

알짬 교리**99**

동정녀 탄생

예수님은 성령으로 잉태되어 동정녀에게서 태어나셨습니다. 성경 저자는 이것을 단언합니다 (마 1:18~25; 눅 1:26~38). 영생하시는 하나님의 아들이 인간의 몸을 입고 성육신하신 사건의 역사성이 동정녀 탄생에서 확실히 드러납니다. 따라서 동정녀 탄생은 구약의 예언(사 7장)을 상기시키는 동시에 그리스도의 신성과 인성을 모두 확증해 준다는 점에서 중요한 의미가 있습니다.

그리스도와의 연결

하나님은 아브라함에게 세 가지, 즉 자손과 땅 그리고 모든 민족에게 주어질 축복에 관해 약속하셨습니다. 예수님이 그 세 가지 약속을 모두 완벽하게 성취하실 것입니다. 예수님은 아브라함의 진정한 자손으로서 하나님 나라를 세우기 위해 오셨기 때문입니다. 누가복음에서 시므온이 노래한 것처럼(눅 2:32), 예수님은 이방을 비추는 빛이 되실 것입니다. 그분을 통해 하나님이 모든 사람에게 복을 주실 것입니다.

목자들이 제일 먼저 예수님을 찾아와 경배했습니다. 2년쯤 후에 저 멀리 페르시아에서 동방 박사들이 왕께 경배하러 찾아왔습니다. 그들은 아브라함에게 약속하신 대로 이 세상에 오신 예수님으로 인해 축복받을 열방을 대표하는 첫 번째 무리입니다.

5~10분

하나님이 들려주시는 이야기는 오늘을 사는 나와 늘 연결되어 있습니다. 아래 질문에 답하면서 성경 이야기가 내 이야기와 어떻게 연결되는지 생각해 봅시다.

▶ **예수님이 태어나신 환경을 보면서 하나님의 성품에 관해 어떤 것을 배울 수 있나요?**
하나님은 자기 백성을 구하기 위해 인간의 몸을 입고 이 땅에 오셨을 정도로 사랑이 충만하신 분입니다. 또한 예수님 탄생의 기쁜 소식을 목자들에게 전하신 것만 봐도 모든 사람을 사랑하시는 분임을 알 수 있습니다.

▶ **왜 우리는 겸손하기 어려울까요? 예수님의 탄생 이야기에서 어떤 도전을 받게 되나요?**
우리 문화에서는 자만심을 '강함'의 상징으로, 겸손을 '나약함'의 상징으로 여기는 경향이 있습니다. 우리 문화는 이러한 믿음을 조장하지만, 그것은 진실과는 거리가 멉니다. 창조주 하나님은 자부심을 갖기에 합당하신 유일한 분입니다. 그런데도 인간과 같이 되기 위해 스스로 낮아지셨습니다. 그럼으로써 믿는 자들에게 겸손의 가치가 무엇인지 분명하게 가르쳐 주셨습니다.

▶ **하나님이 예수님의 탄생 소식을 목자들에게 제일 먼저 알려 주신 이유는 무엇일까요? 이것은 어떤 의미가 있을까요?**
이 질문에 관한 대답은 다양할 것입니다.

▶ **교회는 복음이 모든 사람을 위한 것이 아니라, 어떤 특정 부류의 사람들을 위한 것인 듯 전할 때가 있습니다. 어떻게 하면 사회에서 소외된 사람들에게도 하나님의 아름다운 사랑을 전할 수 있을까요?**
교회는 특정한 사회 계층, 즉 부유하거나 가난한 계층, 또는 소수 민족 등에게 다가가야 합니다. 때로는 그것만으로도 복음을 전할 수 있습니다.

하나님의 이야기
하나님이 그분의 아들
예수 그리스도를 통해
우리를 구속해 주신 이야기

우리의 이야기
우리의 이야기가
하나님의 이야기와
만나는 곳

YOUR MISSION

생 각

동방 박사 하면, 대개 딱 세 사람만을 상상하곤 합니다. 왜냐하면 황금과 유향과 몰약, 세 가지 선물을 떠올리기 때문입니다. 하지만 그들은 페르시아 기병대를 포함한 많은 수행원을 이끌고 왔을 가능성이 큽니다. 아마도 100명쯤 되었을 것입니다. 그들의 목적은 분명했습니다. 새로운 왕을 찾아 경배하는 것입니다. 동방 박사들의 경배는 새로운 왕에 대한 지지 표명이 될 것입니다.

- 사람들은 예수님의 탄생 이야기에 관해 어떤 오해를 하곤 하나요?

  이 질문에 관한 대답은 다양할 것입니다.

- 동방 박사 이야기가 예수님의 정체성을 더욱 확신하게 해 주나요?

  이 질문에 관한 대답은 다양할 것입니다.

마 음

동방 박사는 학식 있는 엘리트 계층이었습니다. 그들은 페르시아 왕실에서 상당한 권력을 행사했습니다. 그러나 학식과 권력에도 불구하고, 그들에게는 채워지지 않는 것이 있었습니다. 그들은 무언가를 갈망했고, 마침내 별의 징조를 발견했을 때 평생 찾아다녔으나 얻지 못했던 답으로 그 별이 이끌어 줄 것을 알았던 것 같습니다. 그들은 유대인의 새 왕께 엎드려 절했는데, 마치 세상 나라들이 절하는 듯했습니다. 이것은 장차 만왕의 왕인 예수 그리스도께 온 민족과 온 열방이 무릎 꿇고 경배할 날을 보여 주는 장면입니다.

- 동방 박사들은 교육을 잘 받은 학식 있는 사람들이었습니다. 이것을 알게 되면서 새롭게 깨달은 것이 있나요?

  신앙이란 합리적인 것으로, 증거에 의해 뒷받침됩니다. 동방 박사들은 당시 사회에서 고등 교육을 받은 집단이었습니다. 즉 아무런 근거도 없이 맹목적으로 예수님의 탄생을 경배하지는 않았을 것이란 뜻입니다. 오늘날 그리스도인들도 마찬가지입니다. 그리스도인의 신앙을 뒷받침해 주는, 차고 넘치는 증거와 증언이 있습니다. 그리스도에 관한 증거와 이유를 발견해 나갈수록 신앙이 강화될 것입니다.

- 간절히 열망해 오던 것에 대해 예수님은 지금까지 어떤 식으로 채워 주셨나요?

  이 질문에 관한 대답은 다양할 것입니다.

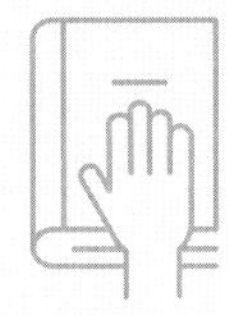

행 동

목자들은 자신이 경험한 것을 다른 사람에게 전하고 싶어서 얼른 일어났습니다. 이것은 예수님을 만난 사람이 그분이 누구이신지를 알게 되면 자연스럽게 보이는 반응입니다. 그리스도를 만난 우리도 이처럼 행동해야 할 것입니다. 주님이 우리를 위해 베푸신 복음을 받아들인다면, 우리는 사람들에게 하나님의 선하심을 전하고 싶어질 것입니다. 이것은 마지못해서 혹은 의무감에서가 아니라, 죄 사함을 받았음을 앎으로써 마음에서 우러나온 기쁨으로 반응할 것입니다.

- 예수님을 알고 믿은 후 삶이 달라졌나요?

  이 질문에 관한 대답은 다양할 것입니다.

- 그리스도를 전하고 싶은 마음은 그리스도와의 관계가 어떠한지를 드러낼까요?

  온도계가 기온을 나타내듯이, 그리스도를 전하고자 하는 의지는 마음의 영적 상태를 보여 줍니다.

다음 모임까지
호세아 10~14장;
이사야 1~4장을
읽어 보세요.

04

예수님도 소년 시절이 있으셨어

요약

이 과에서는 하나님의 말씀을 사랑해 열심히 배웠던 소년 예수에 관해 배울 것입니다. 소년 예수는 성전에 머물며 종교 지도자들과 질문을 주고받았습니다. 요셉과 마리아는 예수님이 성전에 남아 있던 이유를 이해하지 못했습니다. 어린 시절 예수님은 그들에게 자신이 아버지의 일에 동참하고 있다고 대답하셨습니다. 예수님은 완전한 소년이셨습니다. 하나님 아버지께 온전히 헌신하셨고, 지상의 부모에게도 순종하셨습니다. 우리는 하나님의 일을 하시는 예수님과 함께함으로써 하나님의 영광을 드러내며 지혜와 순종 가운데 자라도록 부름받았습니다.

성경

누가복음 2장 40~52절

HIS STORY

| 포 인 트 | 예수님이 우리를 위해 하나님의 말씀을 사랑하고, 하나님의 뜻에 순종하는 모범을 보여 주셨다. |

포 인 트

예수님이 우리를 위해 하나님의 말씀을 사랑하고, 하나님의 뜻에 순종하는 모범을 보여 주셨다.

등 장 인 물

예수님(하나님의 아들, 성자 하나님)

마리아와 요셉(이 땅에서 예수님의 어머니와 아버지)

메시지 좌표

이번 본문은 예수님의 어린 시절에 관한 유일한 내용을 담고 있습니다. 일반적으로 복음서들이 예수님의 사역과 죽음과 부활에 집중하는 것과 달리 누가복음은 예수님의 어린 시절을 보도합니다. 이것은 예수님의 인성과 신성을 강조하고, 우리 삶에서 우선시해야 할 것이 무엇인지 모범을 보여 주기 위해서입니다.

도 입   5~10분

성경에서 오직 누가복음에서만 예수님의 유년 시절을 볼 수 있습니다. 아마도 누가가 예수님의 어머니 마리아와 이야기를 나누면서 그분의 유년 시절 이야기를 엮었을 것입니다. 이전에도 누가는 예수님의 탄생 사건을 마리아가 어떻게 생각하고 느끼고 간직했는지 상세하게 묘사한 바 있습니다. 목격자의 증언을 통해서만 알 수 있는 세밀한 이야기를 들었을 것입니다.

그런데 왜 이 이야기를 할까요? 왜 성전에 계신 예수님께 초점을 맞출까요? 예수님의 아버지 요셉의 죽음, 목수로서의 직업, 형제와의 관계에 대한 연급은 하지 않고 성전 방문의 이야기를 다루고 있는 것인지 궁금합니다.

▶   예수님의 어린 시절이 어땠을지 상상하기가 어려운가요? 그렇다면 또는 그렇지 않다면, 그 이유는 무엇인가요? 예수님의 어린 시절에서 어떤 부분이 가장 흥미로운가요?

예수님은 즐겁게 공부할 줄 아셨어

예수님은 헤롯 안티파스가 통치하는 갈릴리 지역에서 자라셨습니다. 그와 달리, 남쪽은 로마 총독의 통치를 받고 있었습니다. 그들은 갈릴리에 사는 유대인들보다 자신들이 율법을 더 잘지킨다고 생각했습니다. 비록 예수님의 가족은 변두리의 평범한 유대인들 사이에서 살았지만, 하나님의 율법에 충실했습니다. 예를 들어, 누가는 요셉과 마리아가 유월절을 지키기 위해 해마다 갈릴리에서 열흘을 걸어 예루살렘으로 갔다고 기록했습니다.

누가복음 2장에서 예수님은 지혜와 지식을 쌓아 가는 열두 살 소년이셨습니다. 어린 시절에 그분은 회당에서 읽는 법을 배우셨을 것입니다. 당시 회당에서는 히브리어 알파벳 순서대로 지어진 시편을 아이들에게 읽히며 글자를 가르쳤습니다.

(시편 119편을 참조해 보세요)

도입 선택

'가장 나쁜 질문은 묻지 않고 남겨 두는 질문이다'라는 말을 들어 본 적이 있나요? 질문은 사실을 제대로 파악하게 하고, 사람들에 관해 알게 하고, 새로운 가능성을 탐색하게 합니다. 성경에서 예수님의 말씀이 기록된 첫 장면은 그분이 성전에서 종교 지도자와 선생에게 질문하셨을 때입니다.

• *하나님의 아들인 예수님이 왜 종교 지도자와 선생에게 질문하셨을까요?*

'하나님의 아들'이라는 말에는 아버지의 모든 지식을 가지셨다는 의미가 담겨 있습니다. 그럼에도 불구하고 예수님은 성전(아버지의 집)에서 성경 말씀(아버지의 말씀)을 들으며 머무셨습니다. 어린 나이임에도 하나님 앞에 서기를 원하고, 하나님의 말씀에 귀를 기울였습니다. 우리도 예수님의 본을 따라 나이에 관계없이 질문하고, 하나님에 관한 지식과 말씀을 배우고, 하나님 앞에 머무는 사람이 되어야 합니다.

• *하나님께 묻고 싶은 것이 있나요? 혹은 그분에 대해 알고 싶은 것이 있나요?*
• *어떻게 하면 하나님의 말씀을 새로운 방식으로 배울 수 있을까요? 주위 사람 가운데 함께 질문하며 토론할 수 있는 사람이 있나요?*

---

[40]아기가 자라며 강하여지고 지혜가 충만하며 하나님의 은혜가 그의 위에 있더라 [41]그의 부모가 해마다 유월절이 되면 예루살렘으로 가더니 [42]예수께서 열두 살 되었을 때에 그들이 이 절기의 관례를 따라 올라갔다가 [43]그날들을 마치고 돌아갈 때에 아이 예수는 예루살렘에 머무셨더라 그 부모는 이를 알지 못하고 [44]동행 중에 있는 줄로 생각하고 하룻길을 간 후 친족과 아는 자 중에서 찾되 [45]만나지 못하매 찾으면서 예루살렘에 돌아갔더니 [46]사흘 후에 성전에서 만난즉 그가 선생들 중에 앉으사 그들에게 듣기도 하시며 묻기도 하시니 [47]듣는 자가 다 그 지혜와 대답을 놀랍게 여기더라(눅 2:40~47)

유대인들은 유월절이면 예루살렘으로 향했습니다. 당시에는 동네 사람들끼리 모여서 함께 여행했을 것이기 때문에, 예수의 부모는 예수가 다른 가정이나 친구들 사이에 안전하게 있다고 생각했을 것입니다.

요셉과 마리아는 갈릴리를 향해 떠났습니다. 그들은 하룻길을 갔다가 어린 아들이 사라진 것을 깨닫고 다시 하룻길을 걸어 예루살렘으로 돌아왔습니다. 그들은 온종일 찾아 헤맨 끝에 성전 뜰에서 선생들과 앉아서 그들의 가르침에 귀 기울이고 있는 어린 아들을 발견할 수 있었습니다. 훗날 예수님은 랍비가 되어 바로 그 뜰에서 사람들을 가르치실 것입니다(마 21:14, 23; 26:55; 눅 19:45).

본문을 자세히 들여다보면, 우리는 예수님이 그저 장로들을 가르치기만 하신 것이 아님을 알 수 있습니다. 누가는 예수님이 듣기도 하고 묻기도 하셨다고 했습니다. 어른들과 구약성경에 관한 이야기를 주고받으셨습니다. 그러나 성전에서 예수님의 이야기를 듣던 사람들은 그분의 지혜에 놀랐습니다.

예수님은 하나님의 아들이시면서도, 성전에서 선생들의 말을 듣기도 하고 묻기도 하셨습니다. 그런 모습에서 우리는 무엇을 배울 수 있을까요?

예수님은 진짜 중요한 게 뭔지 아셨어

요셉과 마리아가 예수님을 찾았습니다. 예수님은 자신의 아버지와 어머니가 걱정하면서 자신을 찾아다녔다는 말에 놀라셨습니다. '왜 나를 찾으려 여기저기 돌아다니셨지?' 예수님은 자신이 성전으로 곧장 온 것을 두 분이 알지 못했다는 사실에 어리둥절해하셨습니다. 예수님은 결국 성전에 계셔야 할 분인데 말이에요. 그곳이 아니면 다른 어디에 계시겠어요? 이제 이 이야기가 어떻게 진행될지 살펴봅시다.

⁴⁸그의 부모가 보고 놀라며 그의 어머니는 이르되 아이야 어찌하여 우리에게 이렇게 하였느냐 보라 네 아버지와 내가 근심하여 너를 찾았노라 ⁴⁹예수께서 이르시되 어찌하여 나를 찾으셨나이까 내가 내 아버지 집에 있어야 될 줄을 알지 못하셨나이까 하시니 ⁵⁰그 부모가 그가 하신 말씀을 깨닫지 못하더라(눅 2:48~50)

마리아는 아이를 잃어버린 여느 엄마들처럼 화난 목소리로 물었습니다. 그런데 예수님은 그들이 자신을 찾았다는 사실에 더 놀라셨습니다. "어찌하여 우리에게 이렇게 하였느냐"라는 물음은 대답을 바라고 던진 질문이 아닙니다. 그들은 예수님이 사흘이나 사라지셨던 이유를 알지 못했습니다.

예수님은 마리아의 첫 번째 질문에는 답하지 않으시고, 대신에 "너를 찾았노라"라는 두 번째 질문에 답하십니다. 예수님은 오히려 그들이 왜 자기를 찾았는지 궁금해 하십니다. 예수님의 생각에는 아버지가 계신 아버지의 집에서 아버지의 일에 참여하는 것이 당연했기 때문입니다. 경솔하거나 부주의해서가 아니었습니다. 예수님은 자신이 누구인지 아셨고, 그대로 행동하셨던 것입니다.

요한복음에서 종종 '오해받는 예수님'을 볼 수 있습니다. 예수님이 심오한 영적인 이야기를 하실 때, 청중은 그분을 오해하곤 했습니다(요 3:9; 4:11). 누가가 작은 창을 열어 예수님의 어린 시절을 들여다볼 수 있게 해 주었는데, 그때도 소년 예수는 가장 사랑하는 사람들에게서조차 오해를 받으셨습니다.

예수님의 가족은 그분의 사명을 이해하지 못했지만, 예수님은 잘 알고 계셨습니다. 사실, 예수님은 성전에서 놀랄 만큼 명석함을 보여 주셨습니다. 그분은 자신이 어디에 있어야 하며, 무엇을 해야 하는지 정확히 아셨습니다. 그분은 하나님 아버지의 일을 행하실 것이며, 그것을 위해 거기 계셨습니다. 하나님의 말씀을 공부하기 위해 모인 사람들과 함께 토론하실 때 예수님은 주도하기보다는 오히려 질문을 던지셨습니다. 랍비들 사이에서는 중요한 질문을 할 줄 아는 능력이 높게 평가받았는데, 이는 지금도 마찬가지입니다. 대답을 듣는 것보다 질문을 던지면서 더 많은 것을 배우게 되기 때문입니다.

예수님은 다정하고 친절하셨어

누가는 여기서 잠시 멈추고 마리아에게 주목했습니다. 이번이 두 번째 주목입니다.

^{students} 51예수께서 함께 내려가사 나사렛에 이르러 순종하여 받드시더라 그 어머니는 이 모든 말을 마음에 두니라 52예수는 지혜와 키가 자라가며 하나님과 사람에게 더욱 사랑스러워 가시더라(눅 2:51~52)

누가가 마리아에게 주목했던 첫 번째 장면은 목자들이 천사가 전한 영광의 소식을 전하고 돌아간 후였습니다. 성경에는 마리아가 자기에게 일어난 모든 일을 홀로 깊이 생각하고 간직했다고 기록되어 있습니다(눅 2:19). 그녀는 어렸지만 신중하고 사려 깊은 사람이었습니다. 열두 해가 흘렀지만 그녀는 마음에 간직한 메시지들을 여전히 잊지 않았고, 그 후로도 그랬을 것입니다.

누가복음 2장 52절은 이 이야기가 시작되는 40절과 들어맞습니다. 두 구절 모두 예수님이 은혜 가운데 지혜롭게 성장하셨다고 했습니다. 마리아에게 약속하신 은혜가 예수님의 삶에도 아낌없이 부어졌습니다(눅 1:30). 예수님의 사역이 시작되면 예수님을 향한 사람들의 관심이 다시 높아질 것입니다. 그분을 따르는 사람이 셀 수 없이 많아질 것입니다. 그러나 메시아로서의 기대가 사그라지면, 예수님은 홀로 남겨져 십자가에서 돌아가실 것입니다.

우리는 종종 예수님을 급진적인 아웃사이더로 생각하고, 주님이 사시는 동안 사람들과 친밀한 관계를 맺으셨다는 사실을 간과합니다. 예수님은 어린 시절 성전에서 성경에 관한 탁월한 이해력을 인정받는 것을 시작으로, 알아들을 귀가 있고 볼 눈이 있는 사람들에게서 계속해서 칭송을 받으실 것입니다.

예수님은 이 세상에서 짧은 생애를 사시는 동안 많은 사람의 마음을 얻으셨습니다. 그들은 그분의 말씀뿐 아니라 친절과 온정에 감동했습니다. 예수님은 어두운 세상에서 그들이 빛을 발할 수 있도록 격려해 주셨습니다. 우리도 예수님처럼 하나님의 말씀으로 우리를 둘러싼 세상에 참여함으로써 최선을 다해 사람들의 마음을 얻어야 합니다.

그리스도와의 연결

우리는 하나님의 부르심을 깨달을 때 혼란을 경험할 수 있는데, 이는 예수님도 마찬가지이셨습니다. 복음서는 예수님이 겪으신 어려움을 그대로 기록했습니다. 예수님은 슈퍼맨 같은 존재가 아니셨습니다. 어린 시절에는 또래 아이들처럼 가족과 갈등을 겪기도 하셨고, 어른이 되어서는 율법 선생들이나 제자들과 갈등을 겪으셨습니다. 예수님은 이해받지 못할 때가 많으셨지만, 그분을 향한 하나님의 부르심과 목적을 결코 잊지 않으셨습니다. 사탄이 광야에서 예수님의 정체성에 도전했을 때 그분은 하나님 아버지의 뜻에 신실하게 순종하셨습니다.

우리도 하나님을 따르고자 할 때 예수님처럼 주변으로부터 이해받지 못할 수 있습니다. 그리스도 안에서 얻은 새로운 정체성 때문에 오히려 공격받을 수 있습니다. 심지어 가족 중의 누군가가 공격할 수도 있습니다. 그러나 예수님의 본을 따르기만 한다면, 우리도 주님의 은혜에 힘입어 우리를 향하신 하나님의 뜻에 순종할 수 있습니다.

YOUR STORY

하나님이 들려주시는 이야기는 오늘을 사는 나와 늘 연결되어 있습니다. 아래 질문에 답하면서 성경 이야기가 내 이야기와 어떻게 연결되는지 생각해 봅시다.

▶ **교회는 어떤 식으로 하나님의 말씀을 사모하도록 가르치고 있나요?**
이 질문에 관한 대답은 다양할 것입니다.

▶ **예수님이 소년 시절에 하셨던, "내가 내 아버지 집에 있어야 될 줄을 알지 못하셨나이까"라고 하신 질문의 의미는 무엇일까요? 우리는 육체적으로, 영적으로 성장하면서 하나님의 일에 어떻게 참여하게 될까요?**
믿는 자는 삶의 단계에 따라 하나님의 일에 참여하는 모습을 달리합니다. 청소년 그리스도인들은 오랜 시간 하나님과 동행한 성인 그리스도인들과는 다른 방식으로 하나님의 일에 참여하게 됩니다. 그러나 삶의 단계나 나이에 상관없이 모든 그리스도인은 하나님 나라 사역에 참여하도록 부름받았습니다. 주일 학교 성경 공부 그룹에 참여하든, 해외 선교 여행을 위해 한 학기를 휴학하든 어떤 형태로든 하나님의 사역에 동참하는 것이 중요합니다.

▶ **예수님이 하나님의 말씀을 사모하신 것과 하나님의 사역에 참여하신 것 사이에는 어떤 연관성이 있을까요? 하나님의 말씀과 하나님의 사역은 서로 어떤 관련이 있나요?**
하나님의 말씀은 하나님의 일을 성취하는 데 항상 중요한 공급원이 됩니다.

▶ **예수님이 주변 사람들의 사랑을 받으며 성장하는 모습에서 무엇을 깨닫게 되나요?**
이 질문에 관한 대답은 다양할 것입니다.

하나님의 이야기
하나님이 그분의 아들
예수 그리스도를 통해
우리를 구속해 주신 이야기

우리의 이야기
우리의 이야기가
하나님의 이야기와
만나는 곳

YOUR MISSION

생 각

예수님이 소년 시절에 성경 토론에 참여하셨다는 사실에서 우리는 성경 토론에 참여해야 한다는 것과 토론에서 나누는 질문과 대답이 모두 유익하다는 것을 배울 수 있습니다. 교회는 말씀을 중심으로 모인 믿는 자들의 공동체이므로 모든 세대가 토론에 참여해야 합니다.

- **최근 교회에서 성경 말씀에 관해 진지한 대화를 나눈 적이 있나요?**
  이 질문에 관한 대답은 다양할 것입니다.

- **교회에서 전 세대가 함께 말씀을 배우는 것이 왜 중요할까요?**
  성경을 함께 배우면 하나님의 말씀을 삶의 다양한 영역에 적용하도록 서로 도울 수 있습니다.

마 음

자녀에게는 부모의 신앙을 받아들일지 말지 선택하는 순간이 찾아오게 됩니다. 하나님의 아들이신 예수님의 경우는 조금 다르지만, 그럼에도 불구하고 우리는 예수님의 모습을 자신에게 적용해 볼 수 있습니다. 가족이 모두 그리스도인이거나 자신이 매주 교회에 다닌다고 해도, 스스로 자신의 신앙을 확고하게 고백하는 시간이 필요합니다.

- **누군가를 따라 믿는 것은 진짜 믿음일까요? 진짜 믿음이란 무엇일까요?**
  덤으로 오는 신앙은 모태 신앙처럼 부모님이나 주변 환경에 의해 예수님을 믿게 된 경우를 의미합니다. 물론 부모님에게 신앙의 유산을 물려받는 것은 나쁜 것이 아닙니다. 그러나 궁극적으로 진정한 그리스도인이 되기 위해서는 스스로 믿음을 가져야 합니다.

- **자신의 신앙을 확고히 고백한 적이 있나요? 그런 적이 없다면 그렇게 하고 싶나요?**
  이 질문에 관한 대답은 다양할 것입니다.

행 동

완전한 인간이면서 동시에 완전한 하나님이신 예수님은 이 땅에서 가족의 일원이 되는 것이 어떤 것인지 잘 아셨습니다. 예수님은 부모를 공경하라는 계명에 온전히 순종하셨습니다. 그럼으로써 우리를 대신해 이 계명을 성취하실 수 있었습니다. 이해받지 못하실 때조차 예수님이 순종하셨다는 사실을 통해, 우리는 하나님이 우리 위에 세우신 권위에 순종하는 것은, 감정에 따라 하는 것이 아님을 깨닫습니다. 우리가 하나님의 말씀에 순종하기 때문에, 우리는 그분이 우리 삶에 권위자로 세워 주신 사람들을 공경해야 합니다.

- **권위자를 공경하는 것이 왜 하나님을 공경한다는 것을 보여 주는 것일까요?**
  권위 있는 사람들을 공경하면서, 하나님만이 주권자이시며 선하신 분이라는 사실을 깨닫게 됩니다. 하나님은 이러한 이유로 우리 삶에 권위 있는 사람들을 세우셨습니다. 그러므로 권위 있는 사람들을 공경하는 것은 곧 하나님을 공경하는 것이 됩니다.

- **권위자를 공경하기가 어렵나요? 예수님이 보여 주신 모습은 그런 우리에게 어떻게 용기를 북돋워 줄 수 있을까요?**
  이 질문에 관한 대답은 다양할 것입니다.

> 다음 모임까지
> **이사야 5~12장을**
> 읽어 보세요.

부록 3

예수님의 인성과 신성

예수님의 인성	예수님의 신성
The Son became flesh. 하나님의 아들이 육신이 되셨습니다(요 1:14).	Works done by Jesus that only God can do. 예수님의 행사는 오직 하나님이 하실 수 있는 일입니다(요 1:3; 10:28; 마 2:5~12; 골 1:17).
Jesus grew up like any other child. 예수님은 다른 아이들처럼 성장하셨습니다(눅 2:40, 52).	Jesus has equality with God. 예수님은 하나님과 한 분이십니다(빌 2:5~11).
Jesus was born of a virgin. 예수님은 처녀에게서 태어나셨습니다(사 7:14).	Names of God applied to Jesus. 하나님의 이름을 예수님께 돌려드립니다(히 1:8).
Jesus hungered and thirsted. 예수님은 주리고 목마르셨습니다(마 4:2; 요 19:28).	Jesus is the image of God. 예수님은 하나님의 형상이십니다(골 1:15~20).
Jesus became physically weak. 예수님은 육적으로 약해지셨습니다(마 4:11).	The Son has always existed. 하나님의 아들은 항상 계셨습니다(미 5:2; 요 1:1~18).
Jesus had a real body after His resurrection. 예수님은 부활하신 후에도 육의 몸을 지니셨습니다(눅 24:39).	Worship is being given to Jesus 예수님은 예배를 받으시기에 합당하십니다(빌 2:10~11; 계 5:8~14).
	Jesus claims to be God. 예수님은 하나님이십니다(요 8:58; 10:30; 17:5).

＊학생용 교재 '부록 2'(88쪽).

05

예수님도
세례를 받으셨어

요 약

이 과에서는 세례 요한에 관해 공부할 것입니다. 그는 예수님의 지상 사역을 위한 길을 예비한 예언자입니다. 세례 요한은 사람들에게 죄 사함을 위한 회개의 메시지를 선포하고, 하나님께 대한 헌신의 상징으로 세례를 베풂으로써 그 길을 예비했습니다. 예수님은 죄가 없으신 분이지만, 세례를 받으셨습니다. 죄 많은 백성들과 하나가 되고, 하나님의 의를 나타내시기 위해서입니다. 세례는 예수님의 죽음과 부활 안에서 그리스도와의 연합을 상징하며, 하나님의 백성이 되었다는 표시입니다.

성 경

마태복음 3장 1~17절

HIS STORY

포 인 트 예수님의 세례는 죽음과 부활의 복선이다.

등 장 인 물 예수님(하나님의 아들, 성자 하나님)

세례 요한(메시아의 선구자, 주님의 길을 예비함)

메시지 좌표 이 과에서는 교회 예식 가운데 하나인 세례에 관해 배울 것입니다. 세례는 예수님이 사람을 제자 삼을 때 하라고 명령하신 예식입니다. 예수님은 죄가 없으신 분인데도 일부러 세례를 받으셨습니다. 이것은 세례를 통해 죄 있는 사람들과 같게 되심을 보여 주고, 공의를 나타내시기 위해서입니다. 세례는 그리스도의 죽음과 부활을 통해 우리가 주님과 하나 되었다는 것을 상징합니다. 세례를 받음으로써 우리는 하나님의 백성으로 인정받습니다.

도 입 5~10분

'세례'라는 단어는 종종 혼란을 줍니다. 교회에서 목사님이 다음과 같이 말하며, 세례를 베푸는 모습을 본 적이 있을 것입니다. "내가 성부와 성자와 성령의 이름으로 세례를 주노라. 세례로 주님과 함께 묻혔으나 이제 새 생명으로 일어나리라." 이것은 무슨 의미일까요? 그리스도인에게 세례가 중요한 이유는 무엇일까요?

▶ 교회에서 행하는 세례에 관해 묘사해 보십시오. 목사님이 세례를 베푸시는 모습을 보면 어떤 생각이 드나요?

세례 요한의 회개 선포와 세례 강조는 마태복음의 첫 독자들에게도 필요한 것이었습니다. 우리처럼 그들도 '회개'를 거쳐야 했습니다. 회개로 번역된 헬라어 단어의 뜻은 '돌아서다'입니다. 그리스도인의 회개는 죄에서 돌이켜 믿음으로 하나님께 돌아서는 것입니다. 또한 우리처럼 그들도 날마다 회개하는 삶의 방식을 발전시킬 필요가 있었습니다. 매일매일은 세례를 통해 우리와 동일시하신 예수님, 바로 그분이 주시는 용서가 필요함을 새로이 깨달아 가는 기회이고 선물입니다.

우리는 세례를 통해, 예수님의 삶과 하나가 됩니다. 첫째, 예수님이 공생애를 시작하기 전에 세례를 받으셨으니 우리도 예수님의 본을 따릅니다. 둘째, 온몸을 물에 담그는 '세례'('침례'라고도 함)는 믿는 자들이 예수 그리스도와 함께 그분의 죽음과 장사됨과 부활을 경험한다는 것을 상징적으로 보여 줍니다. 세례는 구원이 아닙니다. 세례는 믿는 자들이 그리스도를 위해 살아가겠다는 결단을 공개적으로 보여 주는 행위입니다. 그러나 예수님의 세례는 그분이 하나님의 아들이심을 보여 주었습니다.

세례 요한이 목청껏 외쳤어

예수님의 사역은 세례 요한을 만나는 것으로 시작되었습니다. 마태는 세례 요한을 메시아의 길을 예비하는 선구자로 소개했습니다. 그는 메시아가 아닙니다. 그는 예수님의 길을 예비하는 자일 뿐입니다.

¹그때에 세례 요한이 이르러 유대 광야에서 전파하여 말하되 ²회개하라 천국이 가까이 왔느니라 하였으니 ³그는 선지자 이사야를 통하여 말씀하신 자라 일렀으되 광야에 외치는 자의 소리가 있어 이르되 너희는 주의 길을 준비하라 그가 오실 길을 곧게 하라 하였느니라 ⁴이 요한은 낙타털 옷을 입고 허리에 가죽 띠를 띠고 음식은 메뚜기와 석청이었더라 ⁵이 때에 예루살렘과 온 유대와 요단강 사방에서 다 그에게 나아와 ⁶자기들의 죄를 자복하고 요단강에서 그에게 세례를 받더니 (마 3:1~6)

이사야 선지자가 사람들에게 주의 길을 예비하라고 외치는 세례 요한에 관해 예언했습니다 (사 40:3). 선구자 요한은 우리에게는 죄 용서가 필요하며, 죄 용서는 오직 예수님만이 하실 수 있음을 일깨워 주었습니다. 그리고 사람들에게 회개하라고 선포했습니다.

세례 요한은 광야에서 설교를 했습니다. 그는 낙타털 옷을 입었고, 메뚜기와 석청을 먹었습니다. 이것은 당시 광야에서 사는 사람의 특징이었습니다. 그러나 특이한 옷차림이나 식습관은 세례 요한의 가장 중요한 특징이 아닙니다. 그는 사람들에게 회개의 메시지를 전파했습니다. 요한은 엘리야 선지자 차림을 하고, 엘리야 선지자가 했던 메시지를 전했습니다 (왕하 1:8). 그는 주의 길을 예비하는 선지자였습니다.

세례 요한의 선포에 사람들이 동요했습니다 (5~6절). 예루살렘과 유대 온 지역에서 사람들이 몰려왔습니다. 세례 요한의 제자 중 한 명인 안드레는 벳세다 출신입니다. 이것으로 세례 요한의 영향력이 북쪽 갈릴리 지역에까지 미쳤다는 것을 알 수 있습니다.

> 선지자들의 말씀과 세례 요한 자신의 설교에 따르면,
> 이 한 가지 사실은 분명합니다.
> 세례 요한은 미리 길을 만들고 예비하기 위해 이 땅에 왔다는 것입니다.
> 요한은 죄 사함의 은총을 베풀지 못했습니다.
> 그러나 사람들이 하나님을 영접할 수 있도록
> 그 영혼들을 미리 준비시켰습니다.
> 요한 크리소스톰 John Chrysostom

알짬 교리 **99**

세례

믿는 자가 성부와 성자와 성령의 이름으로 물에 잠기는 것이 그리스도인의 세례입니다. 그것은 십자가에 못 박히고 장사되고 부활하신 구세주를 믿는 자의 신앙을 상징하는 순종의 행위이며, 예수 그리스도 안에서 죄에 관해 죽고 옛 생활을 장사하며 새로운 삶을 살아가도록 부활하는 것을 의미합니다. 또한 우리가 죽은 후 마지막 날에 부활할 것을 믿는다는 믿음의 고백이기도 합니다. 교회의 성례인 세례를 받아야만 교회의 정식 구성원으로 인정되고, 성만찬에 참여할 특권을 누리게 됩니다.

지금 당장 회개하지 않으면, 후회할걸!

선구자로서 요한은 메시아의 길을 예비할 때 어떤 메시지를 선포했을까요? 세례 요한과 종교 지도자들인 바리새인과 사두개인이 나눈 대화를 한번 살펴봅시다.

[7]요한이 많은 바리새인들과 사두개인들이 세례 베푸는 데로 오는 것을 보고 이르되 독사의 자식들아 누가 너희를 가르쳐 임박한 진노를 피하라 하더냐 [8]그러므로 회개에 합당한 열매를 맺고 [9]속으로 아브라함이 우리 조상이라고 생각하지 말라 내가 너희에게 이르노니 하나님이 능히 이 돌들로도 아브라함의 자손이 되게 하시리라 [10]이미 도끼가 나무 뿌리에 놓였으니 좋은 열매를 맺지 아니하는 나무마다 찍혀 불에 던져지리라 [11]나는 너희로 회개하게 하기 위하여 물로 세례를 베풀거니와 내 뒤에 오시는 이는 나보다 능력이 많으시니 나는 그의 신을 들기도 감당하지 못하겠노라 그는 성령과 불로 너희에게 세례를 베푸실 것이요 [12]손에 키를 들고 자기의 타작 마당을 정하게 하사 알곡은 모아 곳간에 들이고 쭉정이는 꺼지지 않는 불에 태우시리라 (마 3:7~12)

종교 지도자들인 바리새인과 사두개인 무리가 세례 요한이 세례를 베푸는 요단강으로 왔습니다. 요한복음은 종교 지도자들이 세례 요한을 조사하기 위해 예루살렘에서 보내졌다고 기록했습니다. 그들은 세례 요한에게 그 자신을 누구로 생각하는지 물으러 온 것입니다. 요한이 그들에게 하나님의 말씀으로 책망하며, 그들을 '독사의 자식'이라고 불렀습니다. 요한의 사촌인 예수님도 바리새인을 묘사할 때, 그와 같은 말을 하실 것입니다(마 12:34; 23:33).

요한은 아브라함의 자손이라고 자랑하는 종교 지도자들을 매섭게 공격했습니다. 훗날 예수님도 그와 똑같이 하실 것입니다(마 8:11; 눅 13:28; 요 8:39). 요한은 그들이 회개의 열매를 맺기를 바랐습니다. 하지만 회개하지 않는다면, 그들은 '나무가' 잘려서 불에 던져지는 것과 같은(10절) 운명에 처해질 것입니다(10절). 다시 말해서, 종교 지도자들이 회개하지 않는다면, 그들에게도 심판이 내려질 것이라는 뜻입니다.

요한의 설교는 결국 미래로 향하고, 예수님께로 향합니다(11절). 먼저, 그는 물로 베푸는 자신의 세례와 장차 성령과 불로 베푸실 예수님의 세례를 비교했습니다.

유대교에서는 한 사람이 성전 지역에 들어가기 위해서 세례 의식을 행하곤 했습니다. 세례 의식은 이외 다양한 경우에도 시행되었습니다. 세례는 인간 내면의 변화를 보여 주는 상징적인 행위입니다. 이방인들도 유대 공동체에 들어갈 때 세례를 받았습니다. 필요한 조건이 충족되면 세례를 받았는데, 이것은 유대 공동체에서는 새로 태어남을 상징했습니다. 세례를 받은 사람은 '다시 태어났다', 즉 '거듭났다'라고 여겨졌습니다.

요한의 세례에는 이러한 모든 이미지와 그 이상의 의미가 담겨 있습니다. 그러나 그가 유대인들에게 세례를 베풀었다는 사실은 앞으로 더 많은 일이 일어날 것임을 보여 줍니다. 세례 요한의 관심은 사람의 마음에 있었습니다. 회개를 위한 세례는 마음의 변화를 촉구하는 요한만의 독특한 방법이었습니다.

바리새인들은 신앙에 의지해서 살아가는 것에 만족하지 않았습니다. 그 이유는 무엇일까요?

예수님이 왜 세례를 받으셔야 해?

예수님은 갈릴리를 떠나 요한이 세례를 베푸는 곳으로 오셨습니다. 복음서를 읽다 보면, 예수님이 우리가 생각지도 못한 말이나 행동을 하시는 것을 보고 놀랄 때가 있습니다. 지금이 그런 경우입니다. 곧 예수님이 요한에게 세례를 청하신 것입니다.

¹³이때에 예수께서 갈릴리로부터 요단강에 이르러 요한에게 세례를 받으려 하시니 ¹⁴요한이 말려 이르되 내가 당신에게서 세례를 받아야 할 터인데 당신이 내게로 오시나이까 ¹⁵예수께서 대답하여 이르시되 이제 허락하라 우리가 이와 같이 하여 모든 의를 이루는 것이 합당하니라 하시니 이에 요한이 허락하는지라 ¹⁶예수께서 세례를 받으시고 곧 물에서 올라오실새 하늘이 열리고 하나님의 성령이 비둘기같이 내려 자기 위에 임하심을 보시더니 ¹⁷하늘로부터 소리가 있어 말씀하시되 이는 내 사랑하는 아들이요 내 기뻐하는 자라 하시니라 (마 3:13~17)

세례 요한은 자신에게서 세례를 받으려 하시는 예수님을 말렸습니다(14절). 자신이 예수님에 비해 얼마나 작은 존재인지를 말해 왔던 요한은 예수님이 자신에게 세례를 베푸셔야 마땅하다고 생각했습니다. 그러나 이는 예수님을 오해한 것입니다. 그가 죽기 전에 예수님을 오해했던 것처럼 말입니다(마 11:3).

마태복음에서 예수님의 첫마디가 15절에 나옵니다. 영화나 책에서는 주인공의 첫마디가 매우 중요합니다. 예수님의 첫마디도 예외가 아닙니다. 예수님은 요한에게 하나님의 의를 이루기 위해 세례를 받는 것이 합당하다고 말씀하셨습니다. 무슨 의미일까요? 회개의 세례를 통해 하나님의 의를 어떻게 이루신다는 것일까요? 예수님이 회개할 잘못을 저지른 적이라도 있으셨을까요?

예수님은 요한에게 세례를 받으시지만, 회개할 필요가 없으십니다. 단지 회개가 필요한 우리와 함께하시려는 것뿐입니다. 곧 죄 많은 인간과 자신을 근본적으로 동일시하신 것입니다. 결국, 이렇게 말씀하신 셈입니다. "나는 죄인들과 함께 있을 것이다. 십자가 위에서 죽는 순간까지도 그들과 함께할 것이다. 그리하여 결국에는 그들이 자기 죄에서 해방될 것이다."

예수님이 물에서 올라오실 때, 하늘이 열리고 성령이 비둘기같이 그분 위에 내려왔습니다. 바로 그 성령이 이제 곧 예수님을 광야의 시험장으로 내모실 것입니다(막 1:12).

예수님은 아버지의 부르심에 자신을 맡기셨습니다. 궁극적으로 십자가로 이끄는 부르심입니다. 세례의 순간은 예수님이 하나님의 부르심을 받아들이셨음과 하나님께 완벽한 아들로 받아들여졌음을 보여 주었습니다. 예수님은 세례 요한보다 도덕적으로 우월함을 드러내실 수도 있었습니다. 그러나 예수님은 하나님 아버지의 뜻에 겸손히 순종하며 세례를 받으셨습니다. 죄를 지은 적이 없으신데도 말입니다.

그러자 하나님은 세상 모든 자녀가 아버지께 듣고 싶은 말을 들려주셨습니다. 이제 곧 광야로 가게 될 예수님이 꼭 듣고 싶었던 말, 즉 "내가 너를 사랑한다", "내가 너를 기뻐한다"라는 말씀입니다. 하나님이 예수님을 아들로 확인해 주신 것입니다. 광야에서 사탄은 하나님의 아들이라는 정체성을 공격하고 파괴하려고 들 것입니다. 요단강에서 얼마 떨어지지 않은 광야에서 말입니다.

그리스도와의 연결

세례가 그리스도와 동행하는 과정의 시작과 끝이 아닙니다. 세례를 받는 것은 첫걸음에 불과합니다. 예수님이 세례를 받으시고 십자가의 죽음으로써 죄인인 인간과 온전히 하나가 되신 것은 주님을 따르는 이들에게 모범이 됩니다. 우리는 주님의 모범을 따르도록 부름 받았습니다. 예수님이 가난한 자들과 함께하셨듯이 우리도 가난한 자들과 함께해야 하며, 예수님이 세상의 빛이셨듯이 우리도 세상의 빛이 되어야 합니다. 예수님이 십자가를 지셨듯이 우리도 자기 십자가를 져야 합니다. 예수님이 우리와 같아지셨듯이 우리도 예수님의 몸 된 교회와 하나가 되어야 합니다. 심지어 우리 목숨까지도 말입니다.

> 세례란 인생에서 하고 싶은 것을 마음껏 할 자유를
> 버리는 것을 의미합니다.
> 그리고 하나님의 백성과 함께 하나님의 백성을
> 섬기는 임무를 받아들이는 것을 뜻합니다.
> 팀 스태포드 Tim Stafford

YOUR STORY

하나님이 들려주시는 이야기는 오늘을 사는 나와 늘 연결되어 있습니다. 아래 질문에 답하면서 성경 이야기가 내 이야기와 어떻게 연결되는지 생각해 봅시다.

▶ 이 과를 공부하고 나서 세례에 관해 어떤 것을 새롭게 알게 되었나요? 세례에 관해 다른 사람에게 어떻게 설명할 수 있을까요?
답변은 다양할 수 있습니다.

▶ 세례 요한이 회개의 필요성을 강조한 이유는 무엇일까요? 그리스도인들에게 회개는 왜 중요할까요?
그리스도인의 삶에서 회개는 매우 중요합니다. 회개를 통해서만, 믿음의 다음 단계로 넘어가 죄에서 떠나 그리스도께 나아갈 수 있기 때문입니다. 그리스도인의 삶이 시작될 때뿐만 아니라, 우리 삶에 남아 있는 죄를 매순간 회개해야 합니다.

▶ 예수님이 죄인과 같아지셨다는 것은 무슨 뜻인가요?
이 질문에 관한 대답은 다양할 것입니다.

▶ 이 과를 계기로 세례에 대해 더 잘 알게 된 것이 무엇인지 서로 이야기해 봅시다.
이 질문에 관한 대답은 다양할 것입니다.

하나님의 이야기
하나님이 그분의 아들
예수 그리스도를 통해
우리를 구속해 주신 이야기

우리의 이야기
우리의 이야기가
하나님의 이야기와
만나는 곳

YOUR MISSION

5~10분

생 각

회개에 관한 요한의 메시지는 사람들의 아픈 곳을 찔렀습니다. 이런 요한의 외침은 구약의 긴 세대를 지나 하나님의 백성에게 선포되는 첫 번째 예언이었습니다. 안드레는 세례 요한의 제자가 되었고, 그의 형제 베드로도 요한의 메시지에 감화되었습니다. 회개를 촉구하는 요한의 설교에 마음이 녹아 있던 베드로는 예수님을 만나자 그분 앞에 무릎을 꿇고 자신이 죄인임을 고백했습니다.

- **하나님의 말씀을 듣고 마음을 여는 데 회개는 어떤 역할을 할까요?**
  회개는 자신의 삶에 변화가 필요하다는 것을 인정하는 것이기 때문에 하나님의 말씀에 마음을 열게 합니다.

- **그리스도와 동행하려면 지속적인 회개가 필요하다는 것을 아는 것이 왜 중요할까요?**
  그리스도를 닮아 가려면, 평생 계속해서 회개해야 합니다.

마 음

요한이 바리새인들을 가혹하게 대한 것처럼 보일 수 있지만, 실제로 그는 믿을 수 없을 정도로 겸손했습니다. 요한은 말했습니다. "나는 그의 신을 들기도 감당하지 못하겠노라"(마 3:11). 요한은 회개 메시지를 선포했을 뿐만 아니라, 회개에 따라야만 하는 겸손한 태도도 보여 주었습니다. 이를 통해 겸손하지 않으면 회개할 수 없다는 교훈을 가르쳐 주었습니다.

- **그리스도인의 언행일치(言行一致)가 중요한 이유는 무엇인가요?**
  이 질문에 관한 대답은 다양할 것입니다.

- **세례 요한이 바리새인들에게 유난히 가혹하게 말했던 이유를 생각해 보며, 왜 우리가 겸손해야 하는지 나눠 봅시다.**
  교만은 현실을 왜곡하는 경향이 있습니다. 마음속 진리를 못 보게 하고, 자기 자신만 생각하도록 속입니다. 겸손은 그와 정반대입니다. 겸손한 마음과 정신은 죄와 싸우려면 하나님의 용서와 도우심이 필요하다는 것을 깨닫게 함으로써 날마다 현실을 더 명확히 보게 합니다.

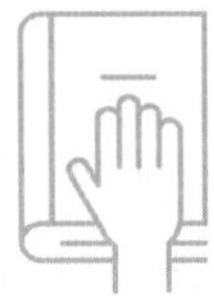

행 동

우리 시대에도 주님의 '길'은 여전히 예비되고 있습니다. 지금은 세례 요한이 그 길을 예비하지 않습니다. 그 대신 성령님이 우리 죄를 깨닫게 하고, 우리 마음을 변화시켜 회개에 이르게 합니다. 죄인들을 위해 회개의 길이 준비되어 있으며, 회개는 세례로 입증됩니다. 세례는 회개하고 예수님께 돌아오는 모든 사람을 위한 부르심입니다.

- **세례는 그리스도를 통한 구원에 어떤 도움이 될까요?**
  이번 과에서 배운 내용을 알면, 쉽게 대답할 수 있습니다.

- **최근에 성령님이 마음의 가책을 주셨다면 어떤 부분이었나요? 그것에 대해 어떻게 반응했나요?**
  이 질문에 관한 대답은 다양할 것입니다.

다음 모임까지
미가 1~7장을
읽어 보세요.

06

예수님은 시험을 피하지 않으셨어

요약

이 과에서 우리는 광야 시험을 신실하게 이기신 예수님을 보게 됩니다. 예수님은 에덴동산에서 쫓겨난 아담과 하와나 광야 생활을 하던 이스라엘 자손들과는 다르셨습니다. 예수님은 하나님의 뜻을 떠나 자기 욕구를 만족시키거나, 하나님을 시험하거나, 하나님의 약속을 불신하지 않으셨습니다. 이 땅에서 영광을 취하는 대신, 오직 십자가만을 바라보며 사악한 자의 시험에서 승리하셨습니다. 그리스도인은 우리를 대신해 시험을 이기신 구주 예수님을 믿음으로써 어떤 유혹에도 맞설 수 있습니다.

성경

마태복음 4장 1~11절

HIS STORY

포 인 트	예수님은 하나님 말씀의 권능으로 유혹을 물리치셨다.

등 장 인 물

예수님(하나님의 아들, 성자 하나님)

사탄(악마, 참소하는 자, 죽이고 도둑질하고 파괴하려는 욕망만 가득한 거짓의 아비)

메시지 좌표

예수님은 세례를 받자마자 광야로 이끌리어 시험을 받으셨습니다. 본문에서 우리가 분명히 알 수 있는 사실은 예수님은 에덴동산에서 쫓겨난 아담과 하와나, 광야를 헤매던 이스라엘 자손과 다른 모습을 보여 주셨다는 것입니다. 예수님은 하나님의 뜻을 버리고 자기 열망을 채우거나, 하나님과 하나님의 약속을 시험하는 것을 거절하셨습니다. 예수님은 세상의 영광을 받으시는 대신 십자가에만 집중하심으로써 사탄의 시험에서 승리하셨습니다. 그리스도인은 우리를 대신해 시험을 이기신 예수님을 신뢰함으로써 유혹을 물리칠 수 있습니다.

도 입

5~10분

'영적인 삶'은 광야나 사막 여행에 비유되곤 합니다. 많은 그리스도인이 이 사실을 알지만, 막상 극심한 시험 앞에 놓이면 당황합니다. 예수 그리스도께 헌신하는 마음이 있어도 마찬 가지입니다. 예수님의 광야 시험 이야기는 우리에게 중요한 가르침을 줍니다. 영적 씨름은 신앙의 시험대입니다. 여기에는 언제나 헌신이 뒤따릅니다.

첫 번째 제자들이 그물을 버리고 예수님을 따랐을 때, 아마도 그들은 자신들에게 닥칠 고난 은 예상하지 못했을 것입니다. 기독교 전승은 한 명을 제외하고, 모든 제자가 순교했다고 전 합니다. 하나님께 "예"라고 대답하면 대가를 치러야 합니다. 오늘날 우리도 마찬가지입니 다. 시험에서 승리하는 경험을 하면 더욱 강해집니다. 그렇기 때문에 그리스도를 따르면서 겪는 역경과 고난에도 불구하고, 계속해서 하나님께 "예"라고 말할 수 있습니다.

▶ 오늘날 그리스도인이 경험하는 시험에는 어떤 것이 있나요? 이러한 시험이 흔하게 일 어나는 이유는 무엇인가요?

첫 번째 시험, 하나님의 자녀가 맞니?

사람들은 시간에 맞춰 작은 알약을 복용하듯이 성경을 읽는 경향이 있습 니다. 아침이나 저녁에 성경 몇 줄 혹은 한 단락을 읽곤 하는 것입니다. 이런 식 으로 읽는 것이 잘못되었다고 할 수는 없습니다. 하지만 성경을 작은 단위로 읽 다 보면, 이야기의 연결성을 놓칠 위험이 있습니다. 이야기의 연결성을 잘 파악 하려면 작은 단위보다 큰 단위로 한번에 읽는 것이 좋습니다.

지난 과에서 배운 예수님의 세례 이야기와 이번에 배울 광야의 시험 이야 기가 좋은 예입니다. 두 과로 나누어 다루고는 있지만, 두 이야기 중 하나를 모 르면 전체를 제대로 이해할 수 없습니다. 예수님이 세례를 받으실 때, 성부 하나 님이 사랑하는 아들로 예수님의 정체성을 확인해 주셨고, 성령님이 비둘기처럼 그 위에 내리셨습니다. 그런데 바로 그 성령님이 예수님을 광야로 이끄셨습니 다. 첫 번째 시험이 하나님의 아들이라는 예수님의 정체성에 관한 것임은 놀라 운 일이 아닙니다. 예수님이 세례 받을 때 하나님께 들었던 바로 그 말씀에 관 한 시험이기 때문입니다.

복음서 기자는 두 이야기를 하나로 엮어 냅니다. 예수님은 요단강에서 세례받으시고 광야로 가셨습니다. 세례는 광야로 가는 관문이었던 것입니다.

[1]그때에 예수께서 성령에게 이끌리어 마귀에게 시험을 받으러 광야로 가사 [2]사십 일을 밤낮으로 금식하신 후에 주리신지라 [3]시험하는 자가 예수께 나아와서 이르되 네가 만일 하나님의 아들이어든 명하여 이 돌들로 떡덩이가 되게 하라 [4]예수께서 대답하여 이르시되 기록되었으되 사람이 떡으로만 살 것이 아니요 하나님의 입으로부터 나오는 모든 말씀으로 살 것이라 하였느니라 하시니(마 4:1~4)

첫마디부터 사탄은 예수님을 공격하는 자신의 의도를 드러냈습니다. 사탄은 예수님이 과연 하나님의 아들인지 의문을 제기했습니다. 시험에서 이기려고 사탄은 처음부터 예수님으로 하여금 자기 정체성을 의심하게 했고, 세상적인 욕구에 빠지도록 유도했습니다.

예수님은 40일간 금식하셨습니다. 사탄은 예수님이 가장 연약하신 순간에 공격을 했습니다. 돌들로 떡덩이가 되게 하라는 유혹에는 음식이 사람에게 가장 필요한 영양 공급이라는 전제가 깔려 있습니다. 그러나 예수님은 그렇지 않다고 대답하셨습니다. 세 가지 시험마다 예수님은 신명기 말씀을 인용하셨습니다. 신명기 8장 3절에 따르면, 사람에게 가장 필요한 양식은 바로 하나님의 말씀입니다.

빵은 육신의 생명을 위해 필요한 음식입니다. 그러나 영의 생명이 빵보다 더 중요합니다. 영적 생명은 하나님의 말씀으로만 채워질 수 있습니다. 예수님은 육신적으로 굶주리셨지만, 영적으로는 하나님의 말씀으로 가득 채워져 있었습니다. 요단강에서 하늘이 열리고 말씀으로 인해 자신이 누구인지 아셨기 때문입니다. 예수님은 광야에서 굶주림으로 구걸하는 사람이 아니라 아버지의 말씀으로 기뻐하는 아들이십니다.

예수님이 사탄에게 시험받으실 때 하나님의 말씀이 어떻게 도움이 되었나요? 이것은 예수님의 정체성과 어떤 관련이 있나요?

두 번째 시험, 하나님이 정말로 들어주실까?

두 번째 시험에서, 사탄은 공격의 강도를 더 높였습니다. 예수님이 육신의 욕구에 대한 시험에서 조금도 흔들리지 않자 사탄은 전략을 바꿨습니다. 사탄은 예수님이 하나님의 약속을 의심하기를 바랐습니다.

> [5]이에 마귀가 예수를 거룩한 성으로 데려다가 성전 꼭대기에 세우고 [6]이르되 네가 만일 하나님의 아들이어든 뛰어내리라 기록되었으되 그가 너를 위하여 그의 사자들을 명하시리니 그들이 손으로 너를 받들어 발이 돌에 부딪치지 않게 하리로다 하였느니라 [7]예수께서 이르시되 또 기록되었으되 주 너의 하나님을 시험하지 말라 하였느니라 하시니(마 4:5~7)

사탄은 예수님을 성전 꼭대기로 데려갔습니다. 헤롯의 성전은 굉장한 곳이었습니다. 어느 랍비가, "이 성전을 보지 못한 사람은 진정한 아름다움을 보지 못한 사람이다"라고 말했을 정도였습니다. 142㎢ 크기의 성전 건물은 돌기둥으로 둘러싸여 있었습니다. 빛나는 흰색 대리석과 금박으로 축조된 성전은 웅장함과 화려함의 극치를 보여 주었습니다. 태양이 성전을 강렬하게 비추면, 그 광채로 인해 눈길을 돌려야 할 정도였습니다.

사탄이 예수님을 웅장한 건물 꼭대기로 데려갔습니다. 예수님이 첫 번째 시험에서 조금도 흔들리지 않자 전략을 바꾼 것입니다. 여기서 사탄은 '하나님은 그가 사랑하시는 이를 보호하신다'라는 내용의 시편 91장 11~12절 말씀을 인용했습니다.

사탄의 의도는 예수님이 이 두 구절을 전체 맥락과 상관없이 따로 떼어 이해하도록 하는 것이었습니다. 그러나 시편 91장은 전능하신 하나님을 믿고 신뢰하는 자에 관한 이야기입니다. 시편 기자는 그가 왜 두려워하지 않으며, 왜 주님을 피난처로 삼는지에 관해 썼습니다. 간단히 말해서, 91장은 하나님을 전적으로 신뢰하는 사람의 노래입니다.

하나님을 신뢰한다니? 그것은 사탄이 원하는 바가 아니었습니다. 사탄은 시편 말씀을 인용하면서 예수님이 하나님을 신뢰하기는커녕 불신하도록 유도했습니다. 예수님이 성전 꼭대기에서 뛰어내리는 것은 바로 하나님을 시험하는 것입니다. 사탄은 이 시험에서 예수님이 하나님의 아들이라면 그 징표를 보이라고 요청했습니다. 세례 때 하나님 아버지가 하신 말씀으로는 충분하지 않으니 하나님이 하신 말씀이 진실인지 증명해 보라고 요구했습니다. 이에 대해 예수님은 신명기 말씀을 인용해 주 하나님을 시험하지 말라고 경고하셨습니다.

예수님의 경험은 삶의 광야에서 시험을 만나게 되는 우리가 그것을 극복하도록 도움을 줍니다. 우리의 확신은 오직 하나님의 말씀에서 나옵니다. 그분의 말씀에 대한 신앙과 신뢰로 사탄의 끊임없는 유혹과 거짓을 이길 수 있습니다. 예수님도 하나님의 말씀에 의지하셨다면, 우리는 더욱 그리해야 할 것입니다.

사탄('고소인')은 언제든 우리 마음에 의심의 씨를 심어 놓으려 합니다. 하나님을 신뢰할 수 없다고 의심하게 합니다. 예수님이 걸어가신 순종의 삶은 어떤 상황에서도 아버지만이 신뢰할 수 있는 분임을 끊임없이 상기시켜 줍니다. 사탄은 정죄와 혼란의 씨앗을 심지만, 하나님의 말씀은 우리를 격려하고 하나님을 밝히 알도록 인도합니다. 사탄은 아주 작은 의심만 보여도 우리 마음에 불쑥 밀고 들어옵니다. 그러나 우리가 하나님의 말씀 안에서 그분과 끊임없이 교제하고 예수님과 동행한다면, 사탄을 능히 이길 수 있습니다.

세 번째 시험, 쉬운 길은 얼마든지 있어

마지막 시험에서 사탄은 예수님에게 귀가 솔깃해지는 제안을 했습니다. 그 제안은 메시아로 부르신 하나님의 뜻을 성취하는 대신 자기에게 엎드려 경배함으로써 높임을 받는 지름길을 택하라는 것이었습니다.

8마귀가 또 그를 데리고 지극히 높은 산으로 가서 천하 만국과 그 영광을 보여 9이르되 만일 내게 엎드려 경배하면 이 모든 것을 네게 주리라 10이에 예수께서 말씀하시되 사탄아 물러가라 기록되었으되 주 너의 하나님께 경배하고 다만 그를 섬기라 하였느니라 11이에 마귀는 예수를 떠나고 천사들이 나아와서 수종드니라 (마 4:8~11)

사탄은 예수님을 높은 산으로 데리고 갔습니다. 그곳에서 예수님이 세상 모든 나라를 한눈에 쓱 훑어보시게 했습니다. 사탄의 목표는 예수님이 이 모든 권세를 얻기 위해 자기 발아래 무릎을 꿇는 것입니다.

예수님은 40일 밤낮을 광야에 계셨습니다. 사탄은 성경 말씀을 들어 시험하는 전략을 버립니다. 사탄에게는 하나님의 말씀이 계략을 위한 수단일 뿐, 진정한 삶의 의미가 아니었습니다.

하지만 예수님은 자신이 누구인지 아셨습니다. 십자가를 통해서 하나님 나라가 이루어지리라는 것도 아셨습니다. 하나님 나라는 스스로 높아지는 데서가 아니라, 스스로 희생하는 데서 세워질 것임을 아셨습니다. 또한 자신이 하나님의 아들임을 아는 데서 영광이 흘러나온다는 것을 아셨습니다. 그래서 예수님은 '하나님만이 경배와 섬김을 받으시기에 합당하다'라고 다시 한 번 신명기 말씀을 인용해 말씀하셨습니다.

세례를 통해 예수님은 하나님의 아들로 선포되셨고, 광야 시험을 통해 그것이 입증되었습니다. 광야에서 하나님의 아들은 하나님 아버지의 궁극적인 가치를 드러내셨습니다. 예수님이 시험을 이기자, 사탄이 물러났습니다. 그러나 누가는 사탄이 잠시 동안만 떠난 것이라고 했습니다(마 4:13).

시험이 끝나고 나서 천사들이 예수님께 나아와서 시중을 들었습니다. 마태복음에서 이 천사들은 헬라어로 '중대'라는 군사 용어로 묘사되었습니다. 이것은 하나님의 군사를 가리키는 말입니다. 예수님이 태어나셨을 때, 천사들은 하나님의 선하심을 찬양했습니다. 예수님이 시험을 이기셨을 때, 천사들은 예수님을 돌보고 섬겼습니다.

알짬 교리 **99**

시험과 죄

시험이 곧 죄는 아닙니다. 시험이란 자연스럽고 선한 욕망이 하나님께 영광을 돌리기보다 자기를 기쁘게 하려는 쪽으로 뒤틀린 것과 관련됩니다. 예수님은 우리와 똑같이 연약한 인성을 따라 하나님보다 자기를 기쁘게 하도록 충동하는 도전을 받으셨습니다. 이러한 의미에서 시험을 받으셨습니다. 그러나 예수님은 결코 자신을 기쁘게 하려는 욕망에서 이러한 도전을 받아들이지 않으시므로 신실하게 시험을 물리치시고 하나님 아버지의 뜻을 따르셨습니다. 자신의 연약함을 안다면, 우리를 죄로 이끄는 시험에 대한 경계를 늦추어서는 안 됩니다(마 26:41). 또한 하나님이 우리를 악에서 구해 주시기를 기도해야 합니다(마 6:13).

그리스도와의 연결

'돌들로 떡덩이가 되게 하라'라는 시험을 이기신 예수님의 이야기는 다음 두 가지 장면을 떠올리게 합니다. 첫 번째 장면에서는 아담과 하와가 필요한 모든 음식이 채워져 있는 동산에서 살고 있습니다. 그런데 뱀이 그들을 하나님이 금하신 나무로 이끌었습니다. 나무의 열매가 먹음직해 보였습니다. 결국 그들은 하나님의 명령을 거역하고 낙원에서 추방되었습니다.

두 번째 장면에서는 이스라엘 자손이 말 그대로 광야에서 방황하고 있습니다. 그러나 하나님의 공급하심이 어딜 가나 있었습니다. 그들은 하늘에서 내린 만나와 메추라기를 먹었습니다. 사막에서 바위가 기적처럼 내는 물을 마시기도 했습니다. 적의 위협이 있을 때면 하나님이 나서서 보호해 주셨습니다. 이런 모든 공급하심과 보호하심에도 불구하고, 이스라엘 백성들은 하나님께 불평했습니다. 그래서 젖과 꿀이 흐르는 약속의 땅에 들어가는 대신 광야에 머물러야만 했습니다.

아담과 하와 그리고 이스라엘 자손처럼, 우리도 하나님이 모든 것을 공급해 주심에도 불구하고 신실하지 못한 경향이 있음을 알아야 합니다. 예수님이 시험받으신 이야기는 예수님이 하나님의 공급하심을 헌신적으로 끝까지 신뢰하셨음을 보여 줍니다. 우리는 주님의 승리에 힘입어 그분의 발자취를 따르는 사람들입니다.

> 죄에 대해 죽는 것,
> 그것이 바로 회개의 삶입니다.
> 토머스 왓슨 Thomas Watson

YOUR STORY

하나님이 들려주시는 이야기는 오늘을 사는 나와 늘 연결되어 있습니다. 아래 질문에 답하면서 성경 이야기가 내 이야기와 어떻게 연결되는지 생각해 봅시다.

▶ **죄에 맞서는 순간에도 우리가 그리스도 안에 있다는 사실을 아는 것이 중요합니다. 그 이유는 무엇일까요?**

사람들은 자신이 진실이라고 믿는 것에 따라 살고 행동합니다. 그리스도 안에서 자신이 누구인지, 그리고 그들 안에 살고 계신 성령님이 어떤 분인지를 알게 된다면, 시험과 죄에 대해 더 진지하게 임할 것입니다.

▶ **그리스도인은 어떤 식으로 시험과 죄와 실패에 맞서 승리할 수 있을까요? 예수님은 어떻게 하셨나요?**

때때로 사람들은 죄의 근원인 마음이 아니라 눈에 보이는 죄의 행위에 관해서만 이야기합니다. 물론 그리스도인은 유혹의 상황을 만들지 않도록 현명하게 대처해야 합니다. 그러나 결정적으로 우리 마음이 죄의 접전지가 된다는 사실을 기억해야 합니다. 만일 우리 마음이 하나님의 말씀 아래 거한다면, 죄와의 전쟁에서 승리할 수 있을 것입니다.

▶ **사탄은 예수님을 공격할 때 하나님의 말씀을 교묘하게 조작했습니다. 이는 하나님의 말씀을 올바로 이해하는 것이 얼마나 중요한지에 관해 어떤 교훈을 주나요?**

이 질문에 관한 대답은 다양할 것입니다.

▶ **배가 고파서 음식을 찾을 때만큼 하나님 말씀에 굶주림을 느끼나요? 그렇거나 그렇지 않다면, 그 이유는 무엇인가요? 어떻게 하면 하나님 말씀을 더욱 사모하게 될까요?**

건강한 식생활이나 운동을 시작한 후에야 자신이 영양실조에 걸렸었다는 사실을 아는 경우가 있습니다. 하나님 말씀을 향한 갈급함도 이처럼 말씀을 처음 맛볼 때뿐만 아니라 말씀을 맛보는 동안에도 지속될 것입니다.

하나님의 이야기
하나님이 그분의 아들
예수 그리스도를 통해
우리를 구속해 주신 이야기

우리의 이야기
우리의 이야기가
하나님의 이야기와
만나는 곳

YOUR MISSION

생 각

'광야'란 하나님이 우리로 하여금 하나님의 자녀임을 알게 하려고 사용하시는 장소입니다. 구약에서 하나님은 자기 백성을 광야로 부르셔서 하나님을 알게 하시고, 진정으로 예배하는 법을 배우게 하셨습니다. 예수님의 광야 시험도 이와 같았습니다. 하나님은 요단강에서 예수님을 아들로 선포하셨고, 예수님은 광야의 시험에서 순종을 보이심으로써 하나님 아버지와의 관계를 더욱 견고히 하셨습니다. 하나님의 자녀가 된다는 것의 의미를 보여 주신 것입니다.

- 영적인 광야를 경험한 적이 있나요? 있다면 구체적으로 어떤 상황이었나요?
  이 질문에 관한 대답은 다양할 것입니다.

- 이 과를 공부하고 나서 삶의 고난을 바라보는 시선이 어떻게 달라졌나요?
  이 질문에 관한 대답은 다양할 것입니다.

마 음

광야에서 예수님이 시험을 이기기 위해 치르신 싸움은 곧 우리의 싸움입니다. 그러므로 주님이 승리하셨듯이 우리도 승리할 수 있습니다. 앞에서 배운 것처럼, 광야에서 마주하게 될 시험은 오직 하나님의 약속을 신뢰함으로써만 이길 수 있습니다. 하나님이 자녀로서 인정해 주신 우리의 정체성은 사탄과 세상이 심어 주는 거짓된 정체성보다 더 확고한 것입니다.

- 하나님이 약속을 지키시는지 알기 위해 하나님을 시험한 적이 있나요?
  이 질문에 관한 대답은 다양할 것입니다.

- 광야 같은 인생길을 지날 때 예수님이 시험을 이기셨다는 사실은 우리에게 어떤 자신감을 심어 주나요?
  구주이신 예수님이 우리를 아시기에 우리는 확신할 수 있습니다. 예수님도 우리처럼 시험을 겪으셨지만, 하나님의 말씀으로 승리하셨습니다. 오늘날 우리도 시험을 겪을 때, 죄에 대항해 싸울 때, 예수님처럼 하나님의 말씀으로 승리할 수 있습니다.

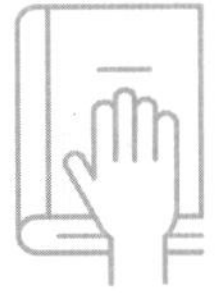

행 동

사도 바울이 에베소서 6장에서 하나님의 전신갑주에 관해 말할 때, 유일한 공격 무기로 성령의 검, 즉 하나님의 말씀을 언급했습니다. 예수님의 광야 시험은 바울의 의도를 분명하게 드러내 보여 줍니다. 사탄의 시험에 맞서시는 예수님의 대응은 믿음의 싸움에서 말씀으로 승리하는 것에 대한 완벽한 모범입니다. 즉 그리스도인이라면 믿음의 싸움에서 자기 힘과 꾀로 죄와 싸우거나 시험에 맞서려고 하기보다는 하나님의 약속을 믿고 말씀의 검을 뽑아 들어야 합니다.

- 예수님이 돌을 떡덩이가 되게 하시는 것이 잘못된 일인 이유는 무엇일까요? 예수님의 대답은 우리에게 하나님 말씀의 중요성에 관해 무엇을 가르쳐 주나요?
  이 질문에 관한 대답은 다양할 것입니다.

- 죄에 맞서는 싸움에서 하나님의 말씀인 성령의 검을 사용할 준비가 되어 있나요?
  이 질문에 관한 대답은 다양할 것입니다.

> 다음 모임까지
> 열왕기하 16~17장;
> 역대하 28장;
> 이사야 13~17장을
> 읽어 보세요.

07

예수님의 제자들 좀 봐!

요약

이 과에서는 회개를 선포하며 사람들을 부르시는 예수님에 관해 배울 것입니다. 예수님은 뜻밖의 사람도 부르셨습니다. 첫 번째 제자들은 그 부르심을 무시하지 않고, 옛 삶의 방식을 버리고 주님을 따라나섰습니다. 이제 우리도 그리스도의 제자로서 하나님의 부르심에 응답하고, 회개와 믿음이 필요한 사람들에게 그와 똑같은 부르심을 전할 특권을 가집니다.

성경

마태복음 4장 17~22절, 9장 9~13절

HIS STORY

포 인 트

'제자도'란 예수님을 구주요 주님으로 고백하고 신실하게 따르는 것을 의미한다.

등 장 인 물

예수님(하나님의 아들, 성자 하나님)

제자들(예수님이 일일이 제자로 부르신 사람들, 하나님 나라를 알리는 사람들)

메시지 좌표

이 과에서는 예수님이 첫 번째 제자들을 부르시는 모습을 볼 것입니다. 이 부르심은 예수님을 따르라는 것뿐 아니라 회개하라는 부르심이기도 합니다. 첫 번째 제자들은 옛 삶의 방식을 버리고, 자신을 따르라는 그리스도의 초대를 기꺼이 받아들였습니다.

도 입

5~10분

눈을 감고 상상해 보세요. 여러분이 자신의 방에서 책상에 앉아 있거나 밖에서 산책을 하고 있거나 운동장에서 친구들과 놀고 있는 모습을 말입니다. 그런데 이때 어떤 사람이 가까이 다가오며 이렇게 말합니다. "나를 따라오라." 그 사람이 누군지에 대해 정확히 알 수 없습니다. 여러분은 그가 우리에게 놀라운 일을 행하시는 그분이라고 생각할 수도 있고, 전혀 모르는 사람이라고 생각할 수도 있습니다. 그렇다면 과연 여러분은 어떤 결정을 내릴 수 있을까요? 모든 것을 버리고 그 사람을 한번 따라 볼까요? 아니면, 못 들은 척 그냥 외면할까요? 아마도 여러분은 그 사람이 누구인지, 지금 어떤 상황인지 좀 더 많은 정보를 얻길 원할 것입니다.

예수님이 제자들을 부르셨을 때, 그들은 충실하게 하루하루를 살고 있었습니다. 마태는 세리였고, 베드로와 안드레와 야고보와 요한은 어부였습니다. 그들은 예수님의 부르심에 어떻게 응답했을까요? 그들은 하던 일을 즉시 멈추고, 예수님이 말씀하신 대로 행했습니다. 진짜로 예수님을 따라나선 것입니다.

▶ 만약 내가 마태나 베드로나 안드레나 야고보나 요한과 같은 상황이었다면, 예수님의 부르심에 어떻게 응답했을까요?

▶ 왜 사람들은 예수님의 부르심에 즉시 응답하지 않고 더 많은 정보를 얻길 원할까요?

천국이 가까이 왔으니 회개해야지!

광야에서 시험을 마치신 예수님은 드디어 사역을 시작하셨습니다.

[17]이때부터 예수께서 비로소 전파하여 이르시되 회개하라 천국이 가까이 왔느니라 하시더라(마 4:17)

예수님은 지상 사역을 시작하시면서 제자의 전제 조건으로 회개를 선포하셨습니다. 회개란 마음을 바꾸어 삶을 변화시키는 길로 돌아서는 것을 의미합니다. 예수님의 선포는 제안이 아니라 명령입니다. 명령을 들은 사람은 의식적으로 결단한 뒤에 그것에 따라 살아야 합니다. 회개한다는 것은 예수

도입 선택

사람들은 사회 계급, 신념, 운동, 동아리, 지능 수준 등 많은 기준으로 서로의 집단을 구분했습니다. 사람을 나누는 이러한 꼬리표는 우리 사회에 늘 있었습니다.

- *내가 속한 공동체 사람들에게서 발견되는 공통점은 무엇인가요? 내가 속한 공동체를 무시하는 사람이 있었다면 그 이유가 무엇이었는지 이야기해 봅시다.*

예수님 당시 유대 사회도 이방인과 유대인, 종교 지도자들과 천대받는 자들 사이를 분명히 구분했습니다. 그러나 예수님은 자신을 가장 필요로 하는 사람들에게 다가가셨습니다. 종교 지도자들이 볼 때 예수님의 첫 번째 제자로 선택된 사람들은 의외의 인물들이었습니다. 그들은 제대로 교육받지 못했고, 심지어 세리도 그 가운데 있었습니다. 예수님은 종종 '그릇된' 사람들과 어울린다는 비난을 받기도 하셨습니다. 그러나 예수님은 모든 사람을 죄에서 놓임을 받아야 할 사람으로 생각하셨습니다. 예수님이 그들에게 다가가셨던 것처럼 우리도 그분과 같이 행하도록 부르심을 받았습니다. 그들이 어떤 집단에 속했는지 그것은 중요하지 않습니다.

- *우리 주변에 있는 '소외된 자'는 누구인지 생각해 봅시다.*

님을 따르기 위해 이전 삶의 방식을 버리는 것을 의미합니다. 그리고 회개는 예수님을 신실하게 따르는 것으로 나타납니다.

하나님은 우리에게 회개하라고 말씀하십니다. 그런데 우리는 왜 회개해야 할까요? 예수님이 그 이유를 알려 주셨습니다. 하나님 나라가 가까이 왔기 때문입니다. 예수님은 하나님 나라에 관한 진리를 설파하셨습니다. 하나님 나라, 즉 하나님의 주권과 다스림은 예수님과 그분이 하시는 사역을 통해 이 땅에서 이루어질 것이라는 진리입니다. 하나님은 죄인을 구원하고 타락한 세상을 회복하겠다는 약속을 지키셨습니다. 모든 것을 바로잡을 메시아를 보내겠다는 약속도 지키셨습니다. 이 모든 일을 행하신 하나님의 일에 동참하기 위해 예수님은 회개를 선포하셨습니다.

회개는 어떻게 하는 것일까요? 아담과 하와가 타락했던 처음으로 돌아가 봅시다. 우리는 아담에게서 죄의 본성을 물려받아(시 51:5) 죄의 종이 되었지만(요 8:34), 회개를 통해 우리를 구원하시는 하나님의 권능을 인정하며 하나님 나라에 동참할 수 있습니다. 이것은 우리 힘으로 할 수 있는 것이 아닙니다.

복음은 예수님의 완전한 삶과 대속의 죽음과 부활을 선포하며, 예수님만이 죄인을 구원하실 수 있다고 말합니다. 우리는 구원을 얻으려는 인간적인 시도와 죄를 그만두어야 합니다. 곧 이 땅에 하나님 나라를 이루시려는 예수님을 따르기 위해 이기심과 죄악에서 벗어나야 합니다.

마태가 회개를 촉구하신 예수님의 선포 사역을 중점적으로 소개한 이유는 무엇일까요? 그리스도인의 삶에서 회개는 어떤 의미가 있을까요?

누구라도 제자가 될 수 있어

예수님은 제자가 갖춰야 할 중요한 조건으로 회개를 말씀하셨습니다. 예수님은 각기 다른 삶의 자리에 있던 사람들을 부르셔서 그들이 회개하고 자기 문제에서 벗어나 하나님 나라의 사역에 동참하게 하셨습니다. 본문에서 우리는 예수님이 첫 번째 제자들을 부르신 것을 볼 수 있습니다. 그런데 그들은 세상에서 알아주는 대단한 사회적 지위나 직업을 가진 사람이 아닌, 고기를 낚는 어부였습니다.

¹⁸갈릴리 해변에 다니시다가 두 형제 곧 베드로라 하는 시몬과 그의 형제 안드레가 바다에 그물 던지는 것을 보시니 그들은 어부라 ¹⁹말씀하시되 나를 따라오라 내가 너희를 사람을 낚는 어부가 되게 하리라 하시니 ²⁰그들이 곧 그물을 버려 두고 예수를 따르니라 ²¹거기서 더 가시다가 다른 두 형제 곧 세베대의 아들 야고보와 그의 형제 요한이 그의 아버지 세베대와 함께 배에서 그물 깁는 것을 보시고 부르시니 ²²그들이 곧 배와 아버지를 버려 두고 예수를 따르니라(마 4:18~22)

예수님은 제자를 부르실 때, 부유하고 영향력 있는 유명인을 택하지 않으셨습니다. 인맥이 넓은 정치인이나 탁월한 리더십과 경영 능력을 갖춘 기업인을 택하지도 않으셨습니다. 그 대신 예수님은 어부 형제를 택하셨습니다. 첫 번째로 부름받은 베드로와 안드레 형제는 매일 일해야 하는 육체 노동자였습니다. 두 번째로 부름받은 야고보와 요한 형제는 아버지와 함께 일하고 있었습니다.

예수님은 그들을 부르실 때, 그들이 하는 일과 관련된 표현으로 말씀하셨습니다. "내가 너희를 사람을 낚는 어부가 되게 하리라." 놀랍게도 두 형제 모두 예수님의 부르심에 즉시 응답했습니다. 그들은 자세한 내용을 알지 못하고, 마음에 정한 바가 없어도 순종했습니다. 그들은 마치 고향을 떠나 하나님이 약속하신 땅을 향해 가는 아브라함과도 같았고, 하나님의 말씀을 듣고자 열심히 노력했던 사무엘과도 같았습니다. 그들은 믿음의 조상의 발자취를 따라 하나님의 부르심에 온 마음을 다했습니다.

알짬 교리 **99**

제자도

우리는 예수님을 따르면서 영적 성숙을 이루고 그분의 제자가 되는데, 이것은 일상 가운데 또는 일상을 벗어나 이뤄집니다. 먼저 일상의 제자도는 신명기 6장 4~9절에 나오는 것처럼 삶의 모든 현장에서 일어납니다. 신앙의 성장과 그리스도와의 깊은 동행을 마음뿐 아니라 모든 삶 가운데서 경험해야 할 것입니다. 또한 일상을 벗어나 일정 기간 그리스도인의 말과 행동을 배우는 훈련을 받아야 합니다. 하나님의 말씀으로 가르치는 언어적인, 그리고 삶을 통해 모범을 보이는 비언어적인(행 20:17~24) 행동으로 제자도를 세워 갈 수 있습니다.

심지어 세리도 제자가 될 수 있단다

예수님은 어부들만 부르신 것이 아닙니다. 멸시받는 직업을 가진 사람들도 부르셨습니다. 예를 들어, 마태는 세리였습니다.

한 주석가가 쓴 세리에 대한 설명을 보면, 당시 마태가 어떤 위치에 있었는지 알 수 있습니다. "유대인들은 세리를 증오하고 경멸했다. 그들은 압제자 로마 제국을 위해 일하는, 애국심이라곤 없는 사람들이기 때문이다. 또한 자기 배를 불리기 위해 손에 넣을 수 있는 모든 것을 구하며 탐욕스럽게 세금을 징수했기 때문이다. 당연히 질이 낮은 사람들만 이런 일을 할 수 있었다."

세리가 유대 사회에서 평판이 매우 나쁘고 배신자로 여겨졌음에도, 예수님은 그런 직업을 가진 사람까지도 제자로 부르셨습니다. 이로 인해 비판받게 될 것을 아시면서도 말입니다.

9예수께서 그곳을 떠나 지나가시다가 마태라 하는 사람이 세관에 앉아 있는 것을 보시고 이르시되 나를 따르라 하시니 일어나 따르니라 10예수께서 마태의 집에서 앉아 음식을 잡수실 때에 많은 세리와 죄인들이 와서 예수와 그의 제자들과 함께 앉았더니 11바리새인들이 보고 그의 제자들에게 이르되 어찌하여 너희 선생은 세리와 죄인들과 함께 잡수시느냐 12예수께서 들으시고 이르시되 건강한 자에게는 의사가 쓸 데 없고 병든 자에게라야 쓸 데 있느니라 13너희는 가서 내가 긍휼을 원하고 제사를 원하지 아니하노라 하신 뜻이 무엇인지 배우라 나는 의인을 부르러 온 것이 아니요 죄인을 부르러 왔노라 하시니라(마 9:9~13)

마태가 예수님을 따르자마자, 그는 두 세계가 충돌하는 것을 경험했습니다. 곧 세리나 죄인과 관계를 맺었던 자신의 옛 세계와 예수님이나 다른 제자들과 함께하는 새로운 세계가 뒤섞였습니다. 두 세계가 한 식탁에서 만나니 긴장 상태가 대치 국면으로 이어집니다. 바리새인들은 예수님이 마태의 집 식탁에서 사람들과 함께 앉아 있는 것을 보고, 예수님의 신실함에 대해 의문을 제기했습니다.

예수님은 바리새인들의 질문을 들으시고, 병든 자에게는 의사가 필요하다는 말로 대답하셨습니다. 예수님은 의인이 아닌 죄인을 부르러 오셨습니다. 이것이 바로 잃은 자들을 찾아 구원하시는 예수님의 마음입니다(눅

19:10). 예수님은 '죄'라는 병에 걸려 영적으로 아픈 사람들을 치료하시는 위대한 의사입니다(시 103:3).

그리스도와의 연결

회개의 부르심에 응답할 때, 우리는 예수님이 죄인을 대신해 모든 것을 완전히 성취하셨음을 믿을 수 있게 됩니다. 하나님은 자녀들에게 삶의 모든 여정에서, 그 어디서든지 사람들에게 복음의 좋은 소식을 나누라고 명령하셨습니다. 그리스도의 몸 된 우리가 예수님의 구원 계획을 전할 때, 죄인을 향한 하나님의 자비가 나타납니다. 우리는 누군가가 구원받지 못할 것 같다거나 섬김을 받기에는 부족하다고 함부로 판단해 넘겨짚으려는 경향에 맞서야 합니다.

> "그분은 단지 몸을 고치는 것이 아니라,
> 영혼의 악함을 치유하기 위해 오셨습니다.
> … 모든 죄를 사하시는 능력을 가지신 그분이
> 사람을 사도로 삼으시는 것은 놀라운 일이 아닙니다."
> 요한 크리소스톰John Chrysostom

YOUR STORY

하나님이 들려주시는 이야기는 오늘을 사는 나와 늘 연결되어 있습니다. 아래 질문에 답하면서 성경 이야기가 내 이야기와 어떻게 연결되는지 생각해 봅시다.

▶ 예수님이 회개에 관해 다시 한 번 말씀하셨습니다. 지체하지 않고 회개를 선포해야 한다고 생각하나요?
이 질문에 관한 대답은 다양할 것입니다.

▶ 제자들을 부르시는 예수님의 이야기에서 가장 인상적인 부분은 무엇이었나요?
이 질문에 관한 대답은 다양할 것입니다.

▶ 바리새인들은 왜 저녁 식사 자리에 참석한 사람들을 보고 불쾌해했을까요? 예수님을 향한 이러한 반응은 가정이나 학교에서 사람들을 섬기는 우리의 생각에 어떤 영향을 미칠까요?
이 질문에 관한 대답은 다양할 것입니다.

▶ 우리는 어떤 사람들을 섬겨야 할까요? 모든 사람을 섬기는 일은 왜 어려울까요?
질문에서 내포하고 있듯이, 그리스도인은 어렵더라도 모든 사람을 섬겨야 합니다.

하나님의 이야기
하나님이 그분의 아들
예수 그리스도를 통해
우리를 구속해 주신 이야기

우리의 이야기
우리의 이야기가
하나님의 이야기와
만나는 곳

5~10분

생 각

예수님은 지상 사역 가운데 다양한 사람을 부르고 섬기셨으며, 그들의 죄를 용서해 주셨습니다. 예수님은 왕의 신하의 아들(요 4:46~54), 나병 환자(마 8:2~4), 중풍병자(마 9:1~8), 혈루증에 걸린 여자(막 5:25~34)를 고쳐 주셨습니다. 또한 무리를 먹이셨으며(마 15:32~38, 요 6:1~14), 죽은 자를 살리셨습니다(눅 7:11~17, 8:41~56, 요 11:1~44). 예수님은 모든 사람에게 회개를 선포하셨습니다. 그래서 예수님을 따르는 사람을 구분 짓는 특정한 기준은 없었습니다. 회개하는 믿음만이 유일한 자격입니다.

- 예수님이 모든 유형의 사람을 섬기셨다는 사실은 예수님의 성품에 관해 무엇을 알려 주나요?

  사회적 지위나 신체적 차이에 상관없는 그분의 연민과 자비를 보여 주셨습니다.

- 예수님을 따르는 자로서 우리는 어떻게 하면 도움을 필요로 하는 주변 사람들에게 예수님의 본을 보일 수 있을까요?

  이 질문에 관한 대답은 다양할 것입니다.

마 음

예수님은 오늘날 우리에게도 이기적인 삶에서 떠나 주님을 따르라고 말씀하십니다. 즉 인생의 결정에 영향을 미치는 이기적인 야망을 포기하고, 하나님 나라가 우선되어야 합니다. 우리 마음속에 남아 있는 이기심을 없애고, 우리 욕망 대신 세상을 향한 하나님의 열망과 우리 삶을 향한 하나님의 계획으로 가득 채워야 합니다(시 37:4).

- 그리스도를 따르기 위해 포기해야 하는 것들은 무엇이 있나요?

  이 질문에 관한 대답은 다양할 것입니다.

- 그리스도를 따르기 위해 이기적인 마음을 버리면 어떤 유익이 있나요?

  우리를 창조하신 하나님의 부르심을 따라 행하면, 말할 수 없는 기쁨과 성취를 맛보게 됩니다.

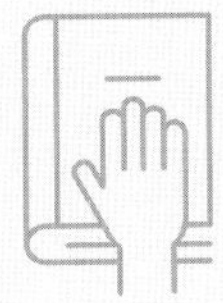

행 동

회개를 촉구하는 하나님의 아름다운 부르심은 영광스러운 구원 사역을 보여 주기 위해 다양한 배경과 여러 그룹의 사람을 모이게 합니다. 주님은 가장 기대하기 어려운 사람을 부르셨고, 결코 예측하지 못한 일을 행하셨습니다. 잘난 사람이 아닌 보잘것없는 사람을 통해 영광을 드러내셨습니다. 우리는 그리스도를 본받으라고 명령받은 사람들입니다(엡 5:1). 그렇기 때문에 사회에서 멸시받고 거절당하고 무시당하는 사람에게 복음을 전할 사명이 있습니다.

- 만약 나를 도와 세상을 변화시킬 드림팀을 짠다면 어떤 사람들로 구성하고 싶나요? 그 이유는 무엇인가요?

  이 질문에 관한 대답은 다양할 것입니다.

- 하나님이 복음을 선포하기 위해 평범한 사람을 부르셨다는 사실을 아는 것은 믿는 자에게 어떤 위안을 줄까요?

  이 질문에 관한 대답은 다양할 것입니다.

다음 모임까지
열왕기하 18:1~8;
역대하 29~31장;
시편 48편;
이사야 27~30장을
읽어 보세요.

부록 4

신약성경에 나타난 구약성경의 말씀

아브라함의 자손에 관한 하나님의 약속 (창 12, 15, 17장)	예수님, 아브라함의 자손 (마 1:1; 갈 3:16)
다윗 그의 왕위는 영원할 것임(삼하 7장)	**예수님** 다윗의 자손, 하나님의 아들(마 1:1; 눅 1:32)
임마누엘 처녀가 잉태해 아들을 낳으리라는 징조 (사 7:14)	**우리와 함께하시는 하나님** 동정녀 마리아에게서 태어나신 하나님의 아들(마 1:18~23)
베들레헴 이스라엘을 다스릴 자가 나올 것임 (미 5:2)	**베들레헴** 메시아가 탄생하심(마 2:1~6; 눅 2:1~6)
별 야곱에게서 나올 것임, 이스라엘에서 일어날 규 (민 24:17)	**별** 유대인의 왕이 나심을 알림(마 2:1~2; 9~10)
이스라엘 이집트에서 불러내신 하나님의 아들 (출 5~14장; 호 11:1)	**예수님** 이집트에서 불러내신 하나님의 아들 (마 2:13~15)
소리 광야에서 외치는 자의 소리(사 40:3~5)	**세례 요한** 주님의 길을 예비함(마 3:1~3)
하나님의 명령 이스라엘이 순종(신 6~8장)	**하나님의 말씀** 예수님이 순종하심(마 4:1~11)
메시아 사명을 선포함(사 61:1~2)	**예수 그리스도** 말씀을 성취하심(눅 4:17~21)
놋뱀 바라보는 사람에게 임하는 하나님의 치유의 역사(민 21:4~9)	**인자** 믿는 자들에게 영생을 주기 위해 들리심 (요 3:14~15)
법적 보상 본래 값에 1/5 추가(민 5:7) 또는 4배나 5 배로 보상(출 22:1)	**은혜의 보상** 삭개오는 자신이 속여 빼앗은 것의 네 배를 되갚음(눅 19:8)

08

어떻게
다시 태어나느냐고?

요약

이 과에서 우리는 예수님이 유대교 지도자인 니고데모와 대화하시면서 거듭남의 신비에 관해 가르치시는 장면을 보게 될 것입니다. 그리스도인은 하나님의 아들을 믿고 하나님의 영으로 인해 거듭납니다. 이것은 우리뿐 아니라 복음을 믿는 모든 사람들을 변화시키시는 하나님의 역사입니다.

성경

요한복음 3장 1~21절

HIS STORY

포 인 트 '거듭남'이란 하나님이 믿는 자들을 초자연적으로 변화시키시는 것을 말한다.

등 장 인 물 예수님(하나님의 아들, 성자 하나님)
니고데모(바리새인, 유대인의 지도자, 한밤중에 예수님께 찾아와 구원에 관해 물은 것으로 유명함)

메시지 좌표 이 과에서는 예수님과 유대교 지도자인 니고데모가 대화를 나누는 장면을 보게 될 것입니다. 예수님은 그에게 거듭남의 신비에 관해 가르치셨습니다. 예수님은 이것을 '다시 태어나는 것'으로 묘사하시며, 하나님과 올바른 관계를 맺는 데 거듭남이 얼마나 중요한지 말씀하셨습니다.

도 입

장난감 광고는 역동적인 장면들로 가득합니다. 장난감을 가지고 노는 장면은 아이들에게 즐거움을 선사합니다. 그러나 대개 광고 끝에는 이런 문구가 나옵니다. "본 제품에는 건전지가 포함되어 있지 않습니다."

'건전지 없음'이라는 공지를 보지 못하고 부모가 아이에게 건전지가 들어 있지 않은 장난감을 선물한다면 어떨까요? 부모는 민망해지고 아이는 속은 기분을 느끼게 될 것입니다. 광고를 보고 기대감이 잔뜩 부풀었는데, 건전지가 없어서 제대로 작동하지 않으니 한순간에 실망하게 되는 것입니다.

▶ 물건이 제대로 작동하지 않아 실망한 적이 있나요? 원인이 무엇이었나요?

그리스도인은 구원이 하나님의 선물이라고 믿습니다. 하나님 아버지께서 우리에게 '구원'이라는 선물을 주셨습니다. 그런데 하나님의 선물에는 장난감 광고처럼 실망감을 안겨 주는 '건전지 없음' 같은 공지가 없습니다.

하나님의 선물에 관한 좋은 소식은 죄 사함과 함께 성령을 받게 된다는 것입니다. 성령은 하나님의 말씀을 따라 사는 우리에게 힘을 주시는 분입니다. 그리스도인의 삶에는 영적 건전지가 이미 포함되어 있습니다. 성령이 우리 안에 거하시어, 우리가 하나님과 다른 이들 앞에서 올바로 살아갈 힘을 주시기 때문입니다(롬 8:9~13).

니고데모 할아버지도 몰라!

요한복음 3장에서 복음서 기자가 흥미로운 인물을 소개합니다. 바로 '니고데모'라는 이름의 바리새인입니다. 그는 한밤중에 예수님을 찾아왔습니다.

[1]그런데 바리새인 중에 니고데모라 하는 사람이 있으니 유대인의 지도자라 [2]그가 밤에 예수께 와서 이르되 랍비여 우리가 당신은 하나님께로부터 오신 선생인 줄 아나이다 하나님이 함께 하시지 아니하시면 당신이 행하시는 이 표적을 아무도 할 수 없음이니이다 [3]예수께서 대답하여 이르시되 진실로 진실로 네게 이르노니 사람이 거듭나지 아니하면 하나님의 나라를 볼 수 없느니라 (요 3:1~3)

니고데모는 가르치고 치유하시는 예수님의 사역을 인정하면서 그분과의 대화를 시작했습니다. 그는 예수님의 사역에 하나님의 은혜가 함께하심을 깨닫고, 예수님이 베푸신 표적에 찬사를 보냈습니다. 그러나 그가 예수님의 특별한 사역에 의미를 부여한 것은 여기까지입니다. 니고데모는 예수님을 좋은 선생이자 도덕적인 사람으로 봤습니다. 즉 삶의 귀감이 될 만한 인물 정도로만 생각한 것입니다.

이에 대한 예수님의 반응은 퉁명스러웠습니다. 예수님은 니고데모의 찬사를 받아들이지 않으셨고, 그 대신 거듭나지 않으면 아무도 하나님 나라를 볼 수 없다고 딱 잘라 말씀하셨습니다. 곧 다시 태어나 새롭게 되지 않으면 하나님의 구원을 볼 수 없다는 것입니다.

니고데모는 예수님의 말씀을 이해할 수 없었습니다. 그래서 예수님께 질문했습니다.

4니고데모가 이르되 사람이 늙으면 어떻게 날 수 있사옵나이까 두 번째 모태에 들어갔다가 날 수 있사옵나이까 5예수께서 대답하시되 진실로 진실로 네게 이르노니 사람이 물과 성령으로 나지 아니하면 하나님의 나라에 들어갈 수 없느니라 6육으로 난 것은 육이요 영으로 난 것은 영이니 7내가 네게 거듭나야 하겠다 하는 말을 놀랍게 여기지 말라 8바람이 임의로 불매 네가 그 소리는 들어도 어디서 와서 어디로 가는지 알지 못하나니 성령으로 난 사람도 다 그러하니라 9니고데모가 대답하여 이르되 어찌 그러한 일이 있을 수 있나이까 10예수께서 그에게 대답하여 이르시되 너는 이스라엘의 선생으로서 이러한 것들을 알지 못하느냐(요 3:4~10)

니고데모가 진지하게 질문했습니다. 예수님의 말씀을 이해하지 못하겠기에 좀 더 분명하게 알 수 있도록 말씀해 달라고 부탁했던 것입니다. 아마도 그는 자신이 종교 지도자로서 하나님과 올바른 관계를 맺고 있으며, 하나님 나라를 이루시려는 주님의 계획도 이미 알고 있다고 믿은 것 같습니다. 또한 율법을 철저히 준수해야 하나님의 위대하신 역사를 더 잘 체험하고 해석할 수 있다고 생각했는지도 모릅니다.

니고데모의 모습은 오늘날 종교인들의 모습과 다르지 않습니다. 교회에서 양육 받았거나 어느 정도 신앙이 있는 사람들은 자신이 하나님과 하나님의 길로 나아가는 데 더 유리하다고 믿기 쉽습니다. 영적 관심이 있는 것만으로도 하나님과 올바른 관계를 맺을 수 있다고 생각하기 때문입니다.

그러나 예수님은 니고데모에게 처음부터 분명하게 말씀하셨습니다. 하나님 나라를 경험하고, 하나님 나라에 들어가려면, 반드시 새로 태어나야 한다고 밝히셨습니다. 하나님과 새로운 관계를 맺으려면, 성령님의 인도하심을 따라야 합니다. 예수님은 '거듭남'의 의미를 성령님으로 다시 태어나야 하는 것과 연결하셨습니다. 니고데모는 예수님께 내밀한 정보를 얻을 것이 아니라, 성령님으로 다시 태어나야 했습니다.

믿음이 없으면 알 수가 없어

예수님과 니고데모는 계속해서 이야기를 나눴습니다. 그런데 이번에는 예수님이 대화의 주도권을 잡으시면서 거듭남과 그 의미를 자세히 설명해 주셨습니다. 이 새롭고 영원한 생명은 오직 예수님을 믿음으로써만 얻을 수 있습니다. 예수님은 유대교 지도자들이 자신의 증언을 거부하고 있던 것에 대해 중요한 질문을 던지셨습니다. "그들은 나의 증언을 거부하면서 어떻게 나의 가르침에 관해서는 찬사를 보낼 수 있겠는가?"

[11]진실로 진실로 네게 이르노니 우리는 아는 것을 말하고 본 것을 증언하노라 그러나 너희가 우리의 증언을 받지 아니하는도다 [12]내가 땅의 일을 말하여도 너희가 믿지 아니하거든 하물며 하늘의 일을 말하면 어떻게 믿겠느냐 [13]하늘에서 내려온 자 곧 인자 외에는 하늘에 올라간 자가 없느니라 [14]모세가 광야에서 뱀을 든 것 같이 인자도 들려야 하리니 [15]이는 그를 믿는 자마다 영생을 얻게 하려 하심이니라 (요 3:11~15)

예수님은 답을 기다리지 않으시고, 대신 자신이 하늘에서 내려온 자임을 주장하셨습니다. 예수님은 하나님을 세상에 보여 주기 위해 인간의 몸을 입고 오신 하나님의 아들이십니다.

이제 대화는 놀라운 전환점을 맞습니다. 예수님은 구약의 민수기 21장 4~9절을 니고데모에게 상기시켜 주셨습니다. 하나님이 애굽에서 건져 주셨음에도 불구하고 이스라엘 백성이 자신들의 불행한 처지를 불평하는 내용이었습니다. 그들은 하나님이 주신 음식을 탐탁지 않게 여기면서 자신들을 일부러 광야로 데려와 죽게 하신다고 그분을 비난했습니다.

이스라엘 백성에게 화가 나신 하나님이 그들 중에 불뱀을 보내어 벌하셨습니다. 뱀들이 사납게 물어 대자 백성들이 회개하기 시작했습니다. 그러자 하나님은 그들을 구하기 위해 모세에게 놋뱀을 장대 위에 매달라고 말씀하셨습니다. 악의 상징이었던 뱀을 올려다보는 자마다 치유되었습니다.

예수님은 인자인 자신을 놋뱀에 비유하셨습니다. 죄와 죄책감과 수치심의 무게를 친히 짊어지실 순간이 올 것을 가리키신 것입니다. 십자가는 우리의 죄가 얼마나 추악한지를 보여 주는 상징인 동시에 구원의 근원이 됩니다.

예수님이 "인자도 들려야 한다"라고 말씀하신, 그 의미는 무엇일까요? 그 말씀이 중요한 이유는 무엇일까요?

사랑하니까 거듭나란 말이야!

니고데모에게 영생과 거듭남에 관해 가르치신 예수님은 또한 성경에서 가장 중요한 주제를 말씀해 주셨습니다. 바로 세상을 향한 하나님의 사랑을 나타내는 복음입니다. 지금까지 공부해 온 내용을 잠시 생각해 본 후, 요한복음 3장 16절을 읽어 보십시오. 그러면 전체 맥락에서 이 말씀을 이해할 수 있을 것입니다.

[16]하나님이 세상을 이처럼 사랑하사 독생자를 주셨으니 이는 그를 믿는 자마다 멸망하지 않고 영생을 얻게 하려 하심이라 [17]하나님이 그 아들을 세상에 보내신 것은 세상을 심판하려 하심이 아니요 그로 말미암아 세상이 구원을 받게 하려 하심이라 [18]그를 믿는 자는 심판을 받지 아니하는 것이요 믿지 아니하는 자는 하나님의 독생자의 이름을 믿지 아니하므로 벌써 심판을 받은 것이니라 [19]그 정죄는 이것이니 곧 빛이 세상에 왔으되 사람들이 자기 행위가 악하므로 빛보다 어둠을 더 사랑한 것이니라 [20]악을 행하는 자마다 빛을 미워하여 빛으로 오지 아니하나니 이는 그 행위가 드러날까 함이요 [21]진리를 따르는 자는 빛으로 오나니 이는 그 행위가 하나님 안에서 행한 것임을 나타내려 함이라 하시니라 (요 3:16~21)

여기서의 초점은 '하나님이 세상을 얼마나 사랑하시는가'입니다. 이때 사랑은 자기희생을 의미합니다. 로마서 5장 8절은 하나님이 자기 아들을 내어 줄 만큼 우리를 사랑하신다고 했습니다. 예수님은 우리를 위해 죽으심으로써 세상에 잃어버린 모든 사람들을 찾아 구원하셨습니다. 곧 우리가 하나님에게서 떨어진 채로 아직 죄인 되었을 때 말입니다. 요한복음 3장 16절은 하나님이 자신을, 즉 자기 아들을 우리와 같은 죄인을 위해 내어 주셨음을 상기시켜 줍니다.

요한은 예수님을 거부한 자들이 이미 하나님의 심판 앞에 서 있다고 주장했습니다. 이것은 살인죄로 체포된 범죄자가 법정에서 죄가 입증되어 선고를 받았으나, 아직 형이 집행되지 않아 죽음을 기다리는 것과 같은 상황입니다. 즉 불신자는 유죄가 확증되어 선고를 받고 형이 집행될 날을 기다리며 살아가는 것입니다. 우리는 모두 우리 죄로 인해 심판을 받아야 합니다.

복음은 그리스도께서 우리를 대신해 죽으러 오셨다는 기쁜 소식입니다. 예수님을 믿으면, 구원을 받을 수 있습니다. 예수님이 우리를 대신해 형 집행을 이미 받으셨다는 것을 인정한다면 말입니다. 신앙의 은총으로 우리는 죄의 감옥에서 해방되었으며, 그리스도 안에서 새로운 삶을 살게 되었습니다. 형이 이미 집행되었기 때문입니다.

알짬 교리 99

거듭남

거듭남은 그리스도인의 삶이 시작되는 곳에서 일어납니다. 성령의 초자연적인 사역을 통해 개개인에게 일어나는 기적적인 변화나 또는 다시 태어남을 의미합니다(요 3:3~8; 딛 3:5). 이것은 거룩한 회심(회개와 믿음을 통해 그리스도께 돌아옴)의 사건으로, 하나님이 한 사람의 인생에 거하심으로써 다시 태어나게 하시는 것입니다. 인간의 노력으로는 이 역사를 이룰 수 없습니다.

그리스도와의 연결

모세 시대에는 하나님의 인도하심 외에 다른 치료 방법이 없었습니다. 이스라엘 백성들이 불뱀에 물린 상처를 민간요법으로 치료해 보려고 했지만, 아무런 효과가 없었습니다. 장대 위에 달린 놋뱀을 쳐다보는 것이 유일한 치료법이었습니다. 예수님은 이와 비슷한 방식으로 자신도 높이 달려야 한다고 말씀하셨습니다. 영생을 얻는 유일한 길은 믿음의 눈으로 주님을 바라보는 것입니다. 이것이야말로 죄로부터 오는 고통을 치유받고, 죽음의 형벌을 사함 받을 수 있는 유일한 길입니다.

사도 요한은 복음서 앞부분에서부터 하나님만이 구원을 베푸실 수 있다는 사실을 분명히 했습니다. 요한복음 1장 12~13절은 그리스도를 영접하는 자에게는 하나님의 자녀가 되는 권세를 주셨다고 했습니다. 복음을 듣고 구원의 유일한 길이 되시는 예수님을 바라는 자만이 예수님의 가르침과 완전한 삶과 대속의 죽음과 부활을 믿으며, 이를 통해 다시 태어날 수 있습니다.

> '중생'이란 말 그대로 두 번째 삶의 시작입니다.
> 그러므로 두 번째 삶을 시작하기 전에,
> 첫 번째 삶을 마무리하는 것이 필요합니다.
> 바실리오Basil

YOUR STORY

하나님이 들려주시는 이야기는 오늘을 사는 나와 늘 연결되어 있습니다. 아래 질문에 답하면서 성경 이야기가 내 이야기와 어떻게 연결되는지 생각해 봅시다.

▶ **어떤 사람의 정체성과 그에 대한 사람들의 증언 사이에는 어떤 관련이 있을까요?**
정직하고 성실하게 살아온 사람의 증언은 신뢰할 수 있습니다. 반면에 속이고 불성실하게 살아온 사람의 증언은 의심스러울 수밖에 없습니다.

▶ **예수님을 하나님의 아들이 아닌 단지 도덕적으로 선한 분 정도로 생각하는 사람들에게 우리는 무엇이라고 말해 줄 수 있을까요?**
예수님을 위대한 도덕적 지도자라고 인정하지만, 예수님이 구원을 베푸실 하나님의 아들이라는 것은 인정하지 않을 수도 있습니다. 그러나 만약 예수님이 하나님의 아들이 아니라면, 예수님의 말씀은 도덕적일 수 없습니다. 예수님은 모든 면에서 도덕적인 분이셨으니, 자신이 하나님의 아들이라는 예수님의 선언 또한 진실로 받아들여야 할 것입니다.

▶ **'믿음'이란 단어를 성경적으로 어떻게 설명할 수 있을까요?**
어떤 사람에게 신앙이 있다는 것은, 그가 예수님이 자신에 대해 하신 말씀과, 예수님을 믿음으로써 죄 용서를 받을 수 있다고 하신 말씀을 믿는다는 것입니다.

▶ **이와 비슷한 의미로 사용되는 단어에는 어떤 것이 있을까요? 본문은 믿음의 의미에 관해 어떻게 설명하고 있나요?**
이 질문에 관한 대답은 다양할 것입니다.

하나님의 이야기
하나님이 그분의 아들 예수 그리스도를 통해 우리를 구속해 주신 이야기

우리의 이야기
우리의 이야기가 하나님의 이야기와 만나는 곳

YOUR MISSION

생 각

니고데모의 모습은 오늘날 많은 신앙인들의 모습과 다르지 않습니다. 아마도 니고데모는 자신이 종교 지도자이므로 하나님과 동행해 왔다고 쉬이 믿었을 것이고, 하나님 나라를 이루시려는 주님의 계획도 이미 알고 있다고 생각했을 것입니다. 어쩌면 율법을 철저히 준수해야 하나님의 위대하신 역사를 더 잘 체험하고 해석할 수 있다고 생각했을지도 모릅니다. 니고데모처럼 교회에서 양육 받았거나 어느 정도 신앙이 있는 사람들은 자신이 하나님과 동행하며 하나님이 뜻하신 길로 나아가는 데 더 유리하다고 믿기 쉽습니다. 그러나 본문은 우리의 관점이 아닌 하나님의 관점에서 하나님께 나아가야 할 필요성에 관해 가르칩니다.

- 니고데모가 자신의 삶에서 놓쳤던 것이 있다면 그것은 무엇일까요?
  그는 유대교 지도자였지만, 하나님과의 올바른 관계를 놓치고 있었습니다.

- 예수님과 니고데모의 대화는 예수 그리스도께 헌신하지 않는 사람과 관계 맺는 법에 관해 무엇을 가르쳐 주나요?
  이 질문에 관한 대답은 다양할 것입니다.

마 음

안타깝게도 본문은 인간이 예수 그리스도라는 빛보다 어둠을 더 사랑한다고 했습니다. 왜냐하면 인간은 죄 가운데 태어나 그 안에서 살아가기 때문입니다. 우리는 죄지은 채로 예수님을 믿을 수 있다거나 어둠의 행실을 추구하면서도 빛 되신 예수님을 따를 수 있다고 곡해하는 세상에서 살고 있습니다. 하지만 본문은 예수님을 영접한 사람이 어떻게 살아야 하는지를 보여 줍니다. 예수님께 나아오는 사람은 그들의 삶 구석구석에 주님이 빛을 비추어 속속들이 새롭게 해 주시기를 원해야 합니다.

- 삶의 어떤 부분에 그리스도의 빛이 비치면 불편해지나요?
  이 질문에 관한 대답은 다양할 것입니다.

- 그 불편한 부분에 구원의 은혜는 어떤 영향을 미칠까요?
  이 질문에 관한 대답은 다양할 것입니다.

행 동

거듭남은 인간의 자연 행위가 아닌 하나님의 초자연적인 역사입니다. 하나님은 모든 믿는 자에게 복음을 전파할 책임을 주셨습니다. 사람들이 교회나 기독교에 익숙하다고 해서 예수님을 지신의 구주로 생각할 것이라고 짐작해서는 안 됩니다. 하나님은 우리가 성령으로 변화되었듯이, 믿는 자마다 하나님의 권능을 신뢰해야 한다고 말씀하셨습니다.

- 구원이 우리 지식에 달리지 않고 하나님의 역사하심에 달려 있음을 알고 위로를 받은 적이 있나요?
  이 질문에 관한 대답은 다양할 것입니다.

- 구원은 하나님의 역사인데, 성경은 왜 다른 사람에게 복음을 전해야 할 우리의 역할을 강조할까요?
  믿음은 들음에서 나고, 들음은 그리스도의 말씀으로 말미암습니다(롬 10:17)

다음 모임까지
이사야 31~37장;
열왕기하 18:9~19:37;
역대하 32:1~23;
시편 76편을
읽어 보세요.

09

예수님을 사랑한 세례 요한

요 약

이 과에서는 세례 요한이 어떻게 예수님의 길을 예비했는지를 살펴봅니다. 그는 하나님의 나라를 선포함으로써, 예수님의 영광에서 진정한 기쁨을 발견함으로써, 다른 사람들에게 경고함으로써, 하나님의 사랑과 권능을 목격함으로써 예수님의 길을 예비했습니다. 그는 자신의 사명과 정체성을 잘 알고 있었습니다. 그래서 기쁜 마음으로 그리스도의 오심을 예비할 수 있었습니다. 세례 요한을 보면서 우리는 그리스도 안에서 자기 정체성을 발견하는 법과 그리스도께서 영광받으시도록 자신을 겸손히 내려놓는 법을 배우게 됩니다.

성 경

요한복음 3장 22~36절

HIS STORY

포 인 트

겸손은 나보다 그리스도를 더 소중히 여김으로써 그 안에서 기쁨을 발견하는 것이다.

등 장 인 물

예수님(하나님의 아들, 성자 하나님)

세례 요한(메시아의 선구자, 주님의 길을 예비함)

메시지 좌표

지난 과에서 우리는 세례 요한의 인물됨과 사역을 살펴봤습니다. 세례 요한은 하나님과 하나님 나라를 선포하며 예수님의 길을 예비했습니다. 예수님의 사역은 날로 늘어나고, 세례 요한의 사역은 날로 줄어들 때 어떤 일이 일어났나요? 세례 요한은 시기하며 억울해했나요? 아닙니다. 오히려 그 반대였습니다. 세례 요한은 자신을 걱정하는 사람들에게 주의를 주고, 하나님의 사랑과 권능을 전하며, 예수님이 높임 받으시는 것을 보고 기뻐했습니다.

도 입

야광봉을 사용해 본 적이 있나요? 나이에 관계없이 누구나 야광봉이 자아내는 환상적 분위기에 매료되곤 합니다. 야광봉은 작동법도 흥미롭습니다. 야광봉은 꺾어 주어야 작동합니다. 일단 꺾어야지, 그것이 만들어진 목적에 따라 제 기능을 할 수 있습니다.

그리스도를 따르는 자들도 이와 같습니다. 성경을 보면, 하나님은 목적을 이루시기 위해 깨어진 사람들을 사용하셨습니다. 여기서 '깨어짐'이란, 의지가 꺾이고 마음이 낮아진 상태를 말합니다. 바로 이것이 하나님께 쓰임받기 위한 전제 조건입니다. 하나님의 사랑에 깨어지고 낮아질 때, 비로소 하나님의 사랑으로 빛을 낼 수 있습니다. 복음서는 우리에게 한 위대한 사람에 관해 가르쳐 줍니다. 그 사람은 바로 세례 요한입니다. 그는 자신을 작은 자로 여기고, 주어진 소명을 겸손히 완수하며 자기 길을 걸어갔습니다. 그는 그리스도의 길을 예비하는 선구자로서 예수님의 명성과 사역이 더욱 높아지도록 자신을 내려놓았습니다. 이것이 겸손입니다. 요한은 우리가 예수님을 위해 무엇을 더 해야 하고, 무엇을 덜 해야 하는지에 관한 모범을 보여 줬습니다.

▶ 하나님께 쓰임받으려면 왜 깨어지고 겸손해져야 할까요?

나는 그분의 길을 예비할 뿐이야

복음서에 따르면 이 시기에 세례 요한의 왕성했던 사역은 쇠하기 시작하고, 예수님의 사역은 발돋움하기 시작했습니다. 세례 요한에서 예수님으로 세간의 관심이 옮겨지는 과정에서 논쟁이나 다툼이나 갈등이 벌어졌을 법도 합니다. 그러나 세례 요한은 자기 명성이 쇠퇴하고, 예수님이 부상하시는 상황에 겸손하고 확신 있는 자세로 대응했습니다. 겸손과 확신은 자기 임무를 잘 아는 사람이 갖는 특징입니다.

²²그후에 예수께서 제자들과 유대 땅으로 가서 거기 함께 유하시며 세례를 베푸시더라 ²³요한도 살렘 가까운 애논에서 세례를 베푸니 거기 물이 많음이라 그러므로 사람들이 와서 세례를 받더라 ²⁴요한이 아직 옥에 갇히지 아니하였더라 ²⁵이에 요한의 제자 중에서 한 유대인과 더불어 정결예식에 대하여 변론이 되었더니 ²⁶그들이 요한에게 가서 이르되 랍

비여 선생님과 함께 요단 강 저편에 있던 이 곧 선생님이 증언하시던 이가 세례를 베풀매 사람이 다 그에게로 가더이다 27요한이 대답하여 이르되 만일 하늘에서 주신 바 아니면 사람이 아무 것도 받을 수 없느니라 28내가 말한 바 나는 그리스도가 아니요 그의 앞에 보내심을 받은 자라고 한 것을 증언할 자는 너희니라(요 3:22~28)

세례 요한의 제자들은 점점 더 많은 사람들이 예수님과 그분의 제자들에게 세례를 받기 위해 가는 것을 보고 의문을 품기 시작했습니다. "대체 저 사람은 누구지? 왜 사람들은 세례 요한이 아닌 저 사람에게 갈까? 세례 요한의 사역이 이제 더는 효과적이지 않다는 뜻일까?" 아마도 세례 요한의 제자들은 예수님의 인기가 높아지는 것을 위협으로 느꼈을지도 모릅니다. 그 동기가 무엇이든 간에 그들은 세례 요한에게 가서 이에 대해 물었습니다.

세례 요한은 겸손하게 대답했습니다. 예수님의 사역이 흥하는 것은 전적으로 하나님의 뜻이라고 말했습니다. 그는 자기 사역이 예수님의 사역을 예비하기 위한 것임을 늘 인지하고 있었습니다. 그래서 제자들에게 자신은 그리스도가 아니며, 진짜 그리스도께서 더 위대한 일을 하실 것이라고 했습니다. 세례 요한의 대답에서 주목할 점은 그가 그러한 변화를 만족스럽게 받아들이고 있다는 것입니다. 그는 자신이 그리스도의 길을 예비하는 자임을 분명히 알았고 그것을 확신하면서 겸손할 수 있었습니다.

내가 왜 기쁜지 알아?

세례 요한은 제자들과 대화를 계속하면서, 예수님이 오신 것에 관한 기쁨을 드러냈습니다. 그가 보여 주는 겸손(30절)과 기쁨(29절)의 관계를 눈여겨보십시오.

29신부를 취하는 자는 신랑이나 서서 신랑의 음성을 듣는 친구가 크게 기뻐하나니 나는 이러한 기쁨으로 충만하였노라 30그는 흥하여야 하겠고 나는 쇠하여야 하리라 하니라(요 3:29~30)

세례 요한은 예수님을 신랑으로, 자신을 신랑의 들러리로 비유하며 자신의 기쁨을 설명했습니다. 결혼식장에서 예수님은 신랑과 같고, 자신은 신랑의 들러리와 같다는 것입니다.

요한은 자신의 역할은, 신랑의 친구들이 그러하듯이, 신랑을 위해 결혼식을 준비하고 도움을 주고 잘 섬기는 것이라고 했습니다. 결혼식에서 주목받을 사람은 신랑의 친구가 아니라 신랑입니다. 신랑의 날이기 때문입니다.

요한은 예수님의 길을 예비하는 사명에서 완전한 기쁨을 발견했습니다. 그는 예수님이야말로 모든 관심을 받으실 신랑이자 그토록 고대하던 그리스도이시라는 것을 알았습니다. 그래서 자기 역할은 신랑을 높이는 것이며, 그분께 누가 되지 않는 것이라고 확신했습니다.

예수님의 길을 예비하는 자신의 사명에서 큰 기쁨을 발견한 세례 요한에게서 무엇을 배울 수 있나요?

내 삶에서 예수님을 높이기 위해 스스로 낮아져야 할 부분은 무엇이며, 그렇게 하면 기쁨이 커지는 이유는 무엇일까요?

세례 요한은 우리가 어디에서 기쁨을 찾아야 하는지를 가르쳐 주는 본보기입니다. 우리는 예수님이 만물 위에 높임을 받으시는 것을 목표로 삼고 이를 위해 행동해야 합니다. 예수님이 영광을 받으시는 데서 기쁨을 찾아야 합니다. 하나님이 냉담하고 교만한 우리 마음을 깨뜨리셔서 겸손하게 하실 때 기쁨을 발견할 수 있습니다. 그러므로 우리는 자기 이름이 아닌 예수님의 이름을 높이고, 겸손하게 그분을 전해야 합니다.

그분이 누구이신지 알면, 그런 말 못할 걸

다음으로 예수님과 세례 요한과의 관계를 살펴보겠습니다. 세례 요한이 예수님을 어떻게 전하는지 볼 수 있습니다. 그는 예수님을 하나님 아버지께서 보내신 분이라고 전했습니다. 그러면서 예수님을 거절하는 것은 곧 영생을 거부하는 것이라고 경고했습니다. 다음 말씀을 읽어 봅시다.

students

³¹위로부터 오시는 이는 만물 위에 계시고 땅에서 난 이는 땅에 속하여 땅에 속한 것을 말하느니라 하늘로부터 오시는 이는 만물 위에 계시나니 ³²그가 친히 보고 들은 것을 증언하되 그의 증언을 받는 자가 없도다 ³³그의 증언을 받는 자는 하나님이 참되시다는 것을 인쳤느니라 ³⁴하나님이 보내신 이는 하나님의 말씀을 하나니 이는 하나님이 성령을 한량 없이 주심이니라 ³⁵아버지께서 아들을 사랑하사 만물을 다 그의 손에 주셨으니 ³⁶아들을 믿는 자에게는 영생이 있고 아들에게 순종하지 아니하는 자는 영생을 보지 못하고 도리어 하나님의 진노가 그 위에 머물러 있느니라(요 3:31~36)

students

세례 요한은 예수님이 어디에서 오셨는지 알았습니다. 그는 예수님이 만물 위에 계심을 알았습니다. 그는 예수님의 기원에 초점을 맞추어 그리스도를 전했습니다. 예수님이 하늘에서 내려오신 그리스도이시라면, 세례 요한은 땅에서 난 증인입니다. 요점은 그가 하늘에서 오신 예수님의 권위 아래 있다는 것입니다.

본문은 예수님의 가르침이 세례 요한의 가르침보다 뛰어남을 보여 줍니다. 예수님이 가르치신 모든 것은 예나 지금이나 진리입니다. 또한 예수님이 자신에 관해 하신 모든 말씀 또한 예나 지금이나 진리입니다. 주님은 약속된 그리스도이십니다. 중요한 것은 예수님은 하나님의 말씀을 선포하시고, 요한은 그런 예수님을 전한다는 것입니다. 그리고 예수님은 자신에 관한 증거를 믿고 받아들이는 자에게 성령을 주시는 권능을 가지고 계십니다.

세례 요한이 예수님의 우월하심에 관해 말한 내용을 다음과 같이 요약할 수 있습니다. 예수님은 하늘에서 오셨고, 요한은 땅에서 났습니다. 예수님은 하나님의 말씀을 선포하셨고, 요한은 예수님에 관해 선포했습니다. 예수님은 성령과 생명을 주셨고, 요한은 예수님의 증언을 학중하는 역할을 했습니다.

세례 요한은 예수님의 정체성에 관해 증언하는 동시에 예수님을 거절할 경우 맞아야 하는 결과에 관해서도 경고했습니다. 그는 영생을 거부하는 사람에게 하나님의 진노가 있을 것이라고 가르쳤습니다. 예수님을 믿지 않거나 그분의 증언을 거부하는 사람은 하나님의 진노를 받게 됩니다. 그들이 이 사실을 알든지 모르든지 관계없이, 그들은 패망의 길에 있는 것입니다.

죄에 거하는 사람들이 하나님의 심판을 받게 될 날이 올 것입니다. 세례 요한은 그리스도의 영광을 전할 뿐만 아니라 하나님의 진노에서 구원받는 길에 관해서도 전했습니다. 우리가 마땅히 받아야 할 형벌을 예수님이 대신 받아주심으로써 우리는 구원을 받았습니다. 하나님의 사랑을 신실하게 전하는 것은, 곧 하나님의 진노를 피할 수 있도록 복음을 전하는 것을 의미합니다.

알짬 교리 **99**

전도

모든 민족을 제자로 삼는 것은 모든 그리스도인과 모든 교회의 의무이자 특권입니다. 하나님의 성령으로 영이 거듭났다는 것은 다른 사람들을 사랑하는 사람으로 거듭났다는 뜻입니다. 따라서 모든 이를 향한 선교적 노력은 거듭난 생명의 영적 필요에 달려 있으며, 그리스도의 가르침 속에 분명히 그리고 반복적으로 나타나는 명령입니다. 주 예수 그리스도께서는 모든 민족에 복음을 전할 것을 명하셨습니다. 그리스도인의 삶의 모습을 눈앞에 보여 주고 말로 증언함으로써, 잃어버린 자들을 그리스도께 인도하고자 끝없이 노력하는 것은 모든 하나님의 자녀에게 주어진 의무입니다.

그리스도와의 연결

세례 요한은 예수님의 사역을 직접 전하는 증인이었습니다. 그는 겸손했기에 예수님의 이름이 자기 이름보다 훨씬 더 높아져도 기뻐할 수 있었습니다. 그는 기뻐하는 데서 그치지 않고 사람들이 예수님을 그냥 아는 것으로, 혹은 그분의 사역을 보려고 몰려드는 것으로는 충분하지 않다는 경고도 했습니다. 왜냐하면 하나님이 원하시는 것은 백성들이 예수님의 말씀을 듣고 그분을 주님이자 구세주로 영접하는 것이기 때문입니다. 하나님은 우리에게도 세례 요한과 같은 사명을 주십니다. 깨어지고 겸손해지면 하나님께 쓰임받을 수 있습니다. 그렇게 되면 어두운 세상에서 예수 그리스도의 영광을 밝히는 빛의 역할을 할 수 있습니다. 우리의 목표는 사람들의 관심과 애정이 예수님께로 향하게 하는 것입니다. 사람들이 예수님을 자기 구주로 알고 영접하는 것보다 더 큰 기쁨과 만족은 없을 것입니다.

세례 요한이 그랬던 것처럼, 우리도 신랑의 친구로서 겸손한 자세로 사람들의 관심이 자신이 아닌 독생자 예수 그리스도를 향하도록 해야 합니다. 주목받아야 할 존재는 우리가 아닌 예수 그리스도이시기 때문입니다.

YOUR STORY

하나님이 들려주시는 이야기는 오늘을 사는 나와 늘 연결되어 있습니다. 아래 질문에 답하면서 성경 이야기가 내 이야기와 어떻게 연결되는지 생각해 봅시다.

▶ **다른 사람의 성공을 보고 위기의식을 느낀 적이 있나요? 그때 어떻게 반응했나요? 세례 요한의 제자들은 그에게서 어떤 대답을 기대했을까요?**

이 질문에 관한 대답은 다양할 것입니다.

▶ **오늘날 우리의 사명은 세례 요한의 사명과 어떤 점에서 닮았나요? 우리의 역할은 세례 요한의 역할과 어떤 점에서 다른가요?**

요한처럼 우리도 사람들에게 회개하고 그리스도를 믿으라고 말해 주어야 합니다. 요한처럼 우리도 모든 관심이 내가 아닌 그리스도께 향하도록 힘써야 합니다.

▶ **관심과 주목을 한 몸에 받는 사람을 도우면서 기뻐한 적이 있나요? 구체적으로 어떤 상황이었나요?**

이 질문에 관한 대답은 다양할 것입니다.

▶ **복음을 전할 때, 꼭 전해야 하는 예수님에 관한 진리는 무엇인가요? 그 진리는 예수님에 관해 무엇을 말해 주나요?**

중심이 되는 진리는 예수님이 누구신가에 관한 것입니다. 예수님은 죄인들을 구원하기 위해 인간의 몸을 입고 오신 하나님의 아들이십니다. 주님이 우리를 대신해 죽으심으로써, 우리는 하나님께 의인이 될 수 있었습니다.

하나님의 이야기
하나님이 그분의 아들
예수 그리스도를 통해
우리를 구속해 주신 이야기

우리의 이야기
우리의 이야기가
하나님의 이야기와
만나는 곳

YOUR MISSION

생 각

세례 요한의 말은 우리가 처한 현실을 상기시켜 줍니다. 하나님은 우리 죄를 이미 알고 계시면서도 여전히 인내하시며 은혜로우십니다. 방탕한 삶에서 벗어날 수 있도록 우리를 부르시고, 영생을 선물로 주셨습니다. 자기 자녀를 돌보시는 은혜로운 하나님 아버지는 모든 사람이 회개해 하나님께 돌아와 용서받기를 원하십니다.

● **하나님의 심판을 말하는 것은 예수님을 전하는 데 어떤 역할을 할까요?**
죄에 대한 하나님의 의로운 심판을 이야기하지 않고 하나님의 구원에 관해 말한다는 것은 쉽지 않은 일입니다. 구원의 기쁜 소식에 앞서 예수님에게서 벗어난 삶이 얼마나 나쁜 것인지를 알아야 합니다.

● **복음을 전할 때, 하나님의 심판 메시지를 무시하거나 축소하면 어떻게 될까요?**
하나님의 심판을 모른다면, 그분의 큰 사랑도 알지 못할 것입니다. 하나님은 사람들을 구원하기 위해 자신을 희생하셨습니다. 일례로, 많은 빚을 탕감 받은 사람은 애초에 빚이 없던 사람보다 자신에게 부어진 자비와 은혜에 관해 더 잘 알게 될 것입니다.

마 음

자기 영광을 추구하는 사람은 더 많은 인기를 끌기 위해 자신을 더 매력적으로 만들려는 덫에 빠집니다. 결과적으로 예수님을 찬양하는 대신 서로 경쟁하게 됩니다. 그리고 하나님의 영광과 복음을 위해 일하기보다 자기 왕국을 세우는 데 열심을 냅니다. 세례 요한의 사역은 우리로 하여금 그리스도께 영광을 돌리는 것에서 궁극적인 목표를 찾도록 도전합니다.

● **교만한 마음으로 자기 영광을 추구하는 것으로는 결국 충분한 기쁨을 누리지 못하는 이유는 무엇일까요?**
어떤 교만이든 결국에는 멸망하게 되어 있기 때문입니다.

● **자기 영광이 아닌 하나님의 영광을 구할 때 더 큰 기쁨을 누릴 수 있다는 것을 어떻게 설명할 수 있을까요?**
이 질문에 관한 대답은 다양할 것입니다.

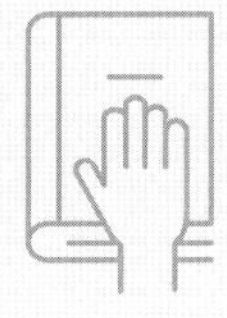

행 동

우리도 세례 요한처럼 사람들을 예수님께로 인도하도록 부름 받았습니다. 그러나 하나님이 주신 은사를 제대로 사용하지 않으면, 다른 사람들에게 그리스도를 전하는 사명을 완수할 수 없습니다. 하나님이 주신 은사를, 자신이 주목받기 위한 눈요깃거리로 만들어서는 안 됩니다. 우리 사명은 사람들에게 예수님을 가리켜 보여 주는 것입니다. 그 일에 방해되지 않도록 모든 일을 해야 합니다.

● **하나님과 하나님의 영광을 드러내기보다 자기 자신과 자신의 명성을 위해 은사와 재능을 보여 주고 싶은 유혹을 받은 적이 있나요?**
이 질문에 관한 대답은 다양할 것입니다.

● **하나님이 주신 은사와 재능을, 하나님 그분께 영광을 돌리는 데 사용하려면 어떻게 해야 할까요?**
이 질문에 관한 대답은 다양할 것입니다.

다음 모임까지
이사야 38~42장;
열왕기하 20장;
역대하 32:24~33;
시편 46편을
읽어 보세요.

부록 5

세례 요한의 생애

구약의 예언

이사야

- 외치는 자의 소리(사 40:3~5; 마 3:3)
  - "광야에 외치는 자의 소리가 있어 이르되 너희는 주의 길을 준비하라"

말라기

- 주의 사자(말 3:1; 마 11:10)
  - "네(주의) 길을 네(주) 앞에 준비하리라"
- 엘리야 선지자(말 4:5; 마 11:14; 17:11~13)
  - "여호와의 크고 두려운 날이 이르기 전에 보내리니"

신약의 예언(가브리엘 천사)

- 자녀가 없는 노부부, 스가랴와 엘리사벳에게 '요한'이라는 이름의 아들을 약속함(눅 1:11~17)
  - "모태로부터 성령의 충만함을 받아"
  - "엘리야의 심령과 능력으로 주 앞에 먼저 와서"
  - "주를 위하여 세운 백성을 준비하리라"

태중에서

- "엘리사벳이 (그리스도를 잉태한) 마리아가 문안함을 들으매 아이가 복중에서 뛰노는지라"(눅 1:41~45)

광야에서

- "아이가 자라며 심령이 강하여지며…"(눅 1:80), 광야에서 살며 "낙타털 옷을 입고 허리에 가죽 띠를 띠고 음식은 메뚜기와 석청이었더라"(마 3:4)
- 광야에서 설교함(마 3:1~2)
  - "회개하라 천국이 가까이 왔느니라"
- "사방에서 다 그에게 나아와 자기들의 죄를 자복하고 요단강에서 그에게 세례를 받더니"(마 3:5~6)
- 바리새인과 사두개인의 위선을 정면으로 반박함(마 3:7~10)
- 성령으로 세례를 베푸실 분이 오실 것을 증언함(마 3:11~12)
- 모든 의를 이루기 위해 예수님께 세례를 베풂(마 3:13~17)
- 세상 죄를 지고 가는 하나님의 어린양의 선재하심과 지고의 가치에 관해 증언함(요 1장)

감옥에서

- 동생의 부인을 취한 헤롯을 비판했다는 이유로 잡혀서 옥에 갇힘(마 4:12; 14:3~4)
- 옥에 수감되었을 때 의구심이 들어 예수님께 제자들을 보내 "오실 그이가 당신이오니이까" 하고 질문함(마 11:2~6)
- 헤롯이 아내와 딸의 요청을 받아 세례 요한을 참수함(마 14:6~11)
- 제자들에 의해 장사됨(마 14:12)

10

영원히 목마르지 않을 물 좀 주소!

요약

이 과에서는 예수님과 사마리아 여인의 대화를 볼 것입니다. 예수님은 야곱의 우물가에서 사마리아 여인을 만나셨습니다. 여인과의 대화에서 예수님은 영혼을 만족시키는 생수를 갖고 계신다고 말씀하셨고, 하나님은 영과 진리로 예배할 자를 찾으신다는 사실을 밝히셨습니다. 예수님을 따르는 사람으로서 우리는 사마리아 여인과 같습니다. 다른 사람들이 예수님이 누구이신지 알 수 있도록 주님을 높이며, 예수님이 주시는 영원한 생수에 관해 전해야 합니다.

성경

요한복음 4장 1~42절

HIS STORY

포 인 트 하나님은 영과 진리로 예배하는 자들을 찾으신다.

등 장 인 물 예수님(하나님의 아들, 성자 하나님)
사마리아인(1세기에 이스라엘 사회에서 멸시받던 민족, 예수님이 사회에서 버림받은 그들에게 다가가심으로써 사회적 차별을 깨뜨리심)

메시지 좌표 지난 과에서 우리는 예수님의 사역에 관해 배웠습니다. 한밤중에 찾아온 유대교 지도자 니고데모와 만나서 그의 질문에 답하신 일과, 세례 요한의 사역과 예수님의 사역이 어떤 관계가 있는지 살펴봤습니다. 이 과에서는 요한복음서를 통해 예수님이 공생애 기간에 만나셨던 사람들과 어떻게 교제하셨는지를 좀 더 살펴볼 것입니다. 출신 배경과 과거 문제 때문에 하나님의 은혜를 받을 수 없을 것 같던 한 여인과의 교제를 통해, 모든 사람을 사랑하시는 예수님의 사랑을 볼 수 있습니다.

도 입

5~10분

어떤 일을 성취했을 때의 기분을 떠올려 보세요. 어려운 과목에서 좋은 점수를 받았을 때, 마라톤을 완주했을 때 등 많은 경험이 떠오를 것입니다.

▶ 어떤 일을 멋지게 끝내고 나서 성취감에 들떠 흥분해 본 적이 있나요?

사람들은 종종 어떤 일을 성취하고 나서 '축배를 들자'라고 말하곤 합니다. 그 순간의 기쁨과 성취감을 만끽하고 싶다는 표현입니다.

예수님은 사마리아 여인을 불러 영생의 생수를 맛보게 하셨습니다. 유대 사회에서 소외되고 경멸받던 그녀에게 영생의 생수를 맛보게 하심으로써 예수님 안에서의 멋진 삶을 경험하게 하신 것입니다. 이처럼 예수님은 영생의 생수를 '맛보아 알게' 하시려고 우리를 부르십니다. 우물가의 여인이 자신이 만나는 사람들에게 생수의 기쁜 소식을 전했듯이, 우리도 그같은 메시지를 전해야 합니다.

너희가 만든 장벽을 내가 허물리라

요한은 예수님이 우물가에서 여인과 대화하시는 장면을 소개하기 전에 그 지역에 관하여 설명했습니다. 이것은 곧 있을 대화의 역학 관계를 이해하는 데 필수적입니다.

[1]예수께서 제자를 삼고 세례를 베푸시는 것이 요한보다 많다 하는 말을 바리새인들이 들은 줄을 주께서 아신지라 **[2](예수께서 친히 세례를 베푸신 것이 아니요 제자들이 베푼 것이라)** [3]유대를 떠나사 다시 갈릴리로 가실새 [4]사마리아를 통과하여야 하겠는지라 [5]사마리아에 있는 수가라 하는 동네에 이르시니 야곱이 그 아들 요셉에게 준 땅이 가깝고 [6]거기 또 야곱의 우물이 있더라 예수께서 길 가시다가 피곤하여 우물 곁에 그대로 앉으시니 때가 여섯 시쯤 되었더라(요 4:1~6)

예수님이 유대에서 갈릴리로 가기 위해 선택하신 길은 지름길이긴 했지만, 사람들이 애용하는 길은 아니었습니다. 예수님은 대부분 유대인들이 가

연말연시를 맞는 일에 열정을 다하는 사람들이 있습니다. 그들은 집 전체를 정성스럽게 꾸밉니다. 요점은 그들 덕분에 연말연시가 다가오는 것을 쉽게 알 수 있다는 것입니다. 게다가 그들의 연말연시 사랑은 어느새 주변에 전염되기도 합니다.

• *특별한 날을 즐기기 위해 '온 힘을 다하는' 사람이 주변에 있나요? 어떤 식으로 그날을 즐기나요?*

우리는 하나님의 성령으로 충만함을 깨닫고, 영과 진리로 예배를 드려야 합니다. 주님은 우리에게 생명과 생수를 주셨습니다. 그것은 오직 하나님에게서만 나옵니다. 우물가의 여인이 그랬던 것처럼, 우리도 주변에 복음을 전해야 합니다. 예수님이 우리를 위해 행하신 일을 기뻐하기 위해 '온 힘을 다해야' 합니다.

기를 꺼리는 사마리아 지역을 지나가기로 하셨습니다. 사마리아인은 그들의 선조가 유대인이긴 해도 앗시리아인과의 결혼으로 태어난 '혼혈인'으로 여겨져 역사적으로 유대인에게 멸시를 받았습니다.

예수님은 당시 유대 문화에서 당연시 여겨지던, 사마리아를 우회해 가는 여정을 거절하셨습니다. 그 대신 지름길을 택하심으로써 정오 무렵에 야곱의 우물가를 지나가게 되셨습니다. 이 시간은 사회적으로 버림받은 사람들이 물을 긷기 위해 나오는 때였습니다.

> 7사마리아 여자 한 사람이 물을 길으러 왔으매 예수께서 물을 좀 달라 하시니 8이는 제자들이 먹을 것을 사러 그 동네에 들어갔음이러라 9사마리아 여자가 이르되 당신은 유대인으로서 어찌하여 사마리아 여자인 나에게 물을 달라 하나이까 하니 이는 유대인이 사마리아인과 상종하지 아니함이러라 10예수께서 대답하여 이르시되 네가 만일 하나님의 선물과 또 네게 물 좀 달라 하는 이가 누구인 줄 알았더라면 네가 그에게 구하였을 것이요 그가 생수를 네게 주었으리라 11여자가 이르되 주여 물 길을 그릇도 없고 이 우물은 깊은데 어디서 당신이 그 생수를 얻겠사옵나이까 12우리 조상 야곱이 이 우물을 우리에게 주셨고 또 여기서 자기와 자기 아들들과 짐승이 다 마셨는데 당신이 야곱보다 더 크니이까 13예수께서 대답하여 이르시되 이 물을 마시는 자마다 다시 목마르려니와 14내가 주는 물을 마시는 자는 영원히 목마르지 아니하리니 내가 주는 물은 그 속에서 영생하도록 솟아나는 샘물이 되리라 15여자가 이르되 주여 그런 물을 내게 주사 목마르지도 않고 또 여기 물 길으러 오지도 않게 하옵소서(요 4:7~15)

이 대화를 시작하신 이는 예수님이십니다. 이는 당시로서는 있을 수 없는 일이었습니다. 이때는 유대인에게 사마리아인은 민족적 배경으로 인해 상종하지 말아야 할 부류로 여겨졌기 때문입니다. 여인은 놀라움을 금치 못했습니다. "당신은 내가 사마리아인인 걸 모르나요?" 그녀는 자신이 유대 사회에서 버려진 존재임을 알았습니다.

예수님은 이 대화가 그녀에게 주시는 하나님의 선물임을 암시하며 대화를 이끌어 가셨습니다. 마실 물에 관한 대화는 하나님만이 주실 수 있는 생수가 필요하다는 것으로 이어졌습니다. 그것은 하나님의 아들 예수 그리스도의 사역과 성령님의 거하심을 통해 하나님이 주시는 구원의 선물입니다. 예수님은 여인에게 영적 목마름을 해소해 줄 생수에 관해 말씀해 주셨습니다.

어떻게 나를 아시나요?

예수님과 사마리아 여인의 대화에서 우리는 그녀가 어떻게 변화하는지를 볼 수 있습니다. 다음 구절을 읽어 보십시오.

[16]이르시되 가서 네 남편을 불러 오라 [17]여자가 대답하여 이르되 나는 남편이 없나이다 예수께서 이르시되 네가 남편이 없다 하는 말이 옳도다 [18]너에게 남편 다섯이 있었고 지금 있는 자도 네 남편이 아니니 네 말이 참되도다 [19]여자가 이르되 주여 내가 보니 선지자로소이다 [20]우리 조상들은 이 산에서 예배하였는데 당신들의 말은 예배할 곳이 예루살렘에 있다 하더이다 [21]예수께서 이르시되 여자여 내 말을 믿으라 이 산에서도 말고 예루살렘에서도 말고 너희가 아버지께 예배할 때가 이르리라 [22]너희는 알지 못하는 것을 예배하고 우리는 아는 것을 예배하노니 이는 구원이 유대인에게서 남이라 [23]아버지께 참되게 예배하는 자들은 영과 진리로 예배할 때가 오나니 곧 이때라 아버지께서는 자기에게 이렇게 예배하는 자들을 찾으시느니라 [24]하나님은 영이시니 예배하는 자가 영과 진리로 예배할지니라(요 4:16~24)

예수님은 흥미로운 방식으로 대화하셨습니다. 예수님은 사마리아 여인에게 친근하게 말을 건네고 자연스럽게 개인적인 이야기로 이끌어 가셨습니다. 물에 관한 대화가 영적 목마름으로 이어졌고, 이것은 하나님만이 해소해 주실 수 있다는 진리로 이어졌습니다. 그러고 나서 이어진 여인의 결혼 이력에 관한 이야기는 사람의 마음을 꿰뚫어 보시는 예수님의 능력을 보여 주었습니다. 여인이 놀라서 고백했습니다. "당신은 선지자이시군요." 그녀의 말이 맞습니다.

예수님의 대화 방식에는 하나님의 마음이 나타납니다. 예수님은 단지 말하기보다 상대방의 말에 귀를 기울이셨고, 여인의 과거를 비난하지 않으며 의미 있는 대화를 이어 가셨습니다.

여자가 자기 결혼 문제에서 예배 장소에 관한 주제로 넘어가려고 해도, 예수님은 그녀의 마음에만 집중하셨습니다. 예수님은 하나님이 영과 진리로 예배하는 자를 찾으신다고 말씀하셨습니다. 예수님이 말씀하신 의도를 놓치지 마십시오. 이 여인이 바로 하나님이 찾으시는 사람이란 뜻입니다.

본문으로 더 깊이

예수님은 사마리아 여인에게 예배 장소는 더 이상 중요하지 않다고 말씀하셨습니다. 하나님은 주님을 좇을 사람들을 사방에서 부르시며, 올바른 방법으로 예배하라고 말씀하십니다. 케빈 밴후저는 예배에 관해 이렇게 썼습니다. "올바른 대상에 집중하는 것이 예배의 모든 것이다. 무지한 채로 드리는 예배는 영적 활력을 주지 못하고, 영적 목마름도 해소시켜 주지 못한다. 무지한 예배는 살아 있는 예배가 아니라 죽은 예배다. 예레미야는 '내 백성이 두 가지 악을 행하였나니 곧 그들이 생수의 근원되는 나를 버린 것과 스스로 웅덩이를 판 것인데 그것은 그 물을 가두지 못할 터진 웅덩이들이니라'(렘 2:13)라고 말했다. 우리 노력으로는 올바른 지식을 얻을 수 없고, 올바른 예배를 드릴 수도 없다. … 올바른 예배는 하나님에 관한 올바른 지식에서 시작된다."

내가 메시아를 만났다!

지금까지의 대화에서 예수님은 영혼의 목마름을 영원히 해소시켜 줄 생수를 주실 것을 말씀하신 것과, 사마리아 여인은 예수님을 '하나님이 영과 진리로 예배하는 자를 찾으신다는 진리를 전하는 선지자'로 봤던 것을 살펴봤습니다. 이제부터는 예수님이 여인과 대화하시는 모습을 본 제자들의 반응과 대화를 마친 후 여인이 보인 반응을 살펴볼 것입니다.

²⁵여자가 이르되 메시야 곧 그리스도라 하는 이가 오실 줄을 내가 아노니 그가 오시면 모든 것을 우리에게 알려 주시리이다 ²⁶예수께서 이르시되 네게 말하는 내가 그라 하시니라 ²⁷이때에 제자들이 돌아와서 예수께서 여자와 말씀하시는 것을 이상히 여겼으나 무엇을 구하시나이까 어찌하여 그와 말씀하시나이까 묻는 자가 없더라 ²⁸여자가 물동이를 버려 두고 동네로 들어가서 사람들에게 이르되 ²⁹내가 행한 모든 일을 내게 말한 사람을 와서 보라 이는 그리스도가 아니냐 하니

³⁰그들이 동네에서 나와 예수께로 오더라 ³¹그 사이에 제자들이 청하여 이르되 랍비여 잡수소서 ³²이르시되 내게는 너희가 알지 못하는 먹을 양식이 있느니라 ³³제자들이 서로 말하되 누가 잡수실 것을 갖다 드렸는가 하니 ³⁴예수께서 이르시되 나의 양식은 나를 보내신 이의 뜻을 행하며 그의 일을 온전히 이루는 이것이니라 ³⁵너희는 넉 달이 지나야 추수할 때가 이르겠다 하지 아니하느냐 그러나 나는 너희에게 이르노니 너희 눈을 들어 밭을 보라 희어져 추수하게 되었도다 ³⁶거두는 자가 이미 삯도 받고 영생에 이르는 열매를 모으나니 이는 뿌리는 자와 거두는 자가 함께 즐거워하게 하려 함이라 ³⁷그런즉 한 사람이 심고 다른 사람이 거둔다 하는 말이 옳도다 ³⁸내가 너희로 노력하지 아니한 것을 거두러 보내었노니 다른 사람들은 노력하였고 너희는 그들이 노력한 것에 참여하였느니라 ³⁹여자의 말이 내가 행한 모든 것을 그가 내게 말하였다 증언하므로 그 동네 중에 많은 사마리아인이 예수를 믿는지라 ⁴⁰사마리아인들이 예수께 와서 자기들과 함께 유하시기를 청하니 거기서 이틀을 유하시매 ⁴¹예수의 말씀으로 말미암아 믿는 자가 더욱 많아 ⁴²그 여자에게 말하되 이제 우리가 믿는 것은 네 말로 인함이 아니니 이는 우리가 친히 듣고 그가 참으로 세상의 구주신 줄 앎이라 하였더라(요 4:25~42)

본문은 선교에 관한 모든 것을 보여 줍니다! 먼저 여인은 메시아가 모든 것을 바로잡으러 오실 것이라고 말했습니다. 예수님이 선지자로서 하신 말씀

을 듣고 그에 대해 확신할 수 없었던 것입니다. 그런데 예수님은 그녀가 말한 메시아가 바로 자신임을 곧바로 드러내셨습니다.

이때 먹을 것을 구하러 마을에 갔던 제자들이 돌아왔습니다. 그들은 예수님이 윤리적·문화적 장벽을 무시하고 문화적 관습을 깨뜨리시는 이유가 무엇인지 궁금해했습니다. 제자들이 예수님의 행동에 의문을 품는 동안, 사마리아 여인은 물동이를 버려두고 동네로 달려갔습니다. 예수님이 메시아이심을 알자마자 모든 것을 버리고 사람들에게 예수님을 전하러 간 것입니다.

누군가를 보살피기 위해 '사회적 관습'을 깨뜨린 적이 있나요? 그리스도인으로서 문화적 장벽을 만드는 대신 그것을 깨뜨릴 줄 아는 것이 왜 중요할까요?

알짬 교리 **99**

무한하신 하나님

'무한하신 하나님'이란 하나님의 존재와 특징에 경계가 없다는 뜻입니다(욥 11:7~9; 시 147:5). 예를 들어, 하나님은 공간적으로나 시간적으로 무한하십니다. 즉 물질적인 공간에 구애받지 않으시며, 또한 시간을 초월하시니 시간에도 제한받지 않으십니다(시 90:1~2). 그리고 만물에 관한 지식뿐 아니라 뜻에 따라 만물을 운행하시는 권능까지도 무한하십니다.

그리스도와의 연결

우리는 예수님의 사역을 통해 예배가 더 이상 지리적 위치나 민족이나 성별에 구애받지 않는다는 사실을 알게 되었습니다. 구원의 문은 모든 죄인에게 열려 있습니다(갈 3:26~28). 예수님은 제자들에게 추수할 것이 많다고 말씀하셨는데, 이것은 예수님을 알기 원하는 사람들이 많다는 뜻입니다. 이 말씀은 오늘날 우리에게도 똑같이 적용되는 진리입니다. 복음의 진리를 들어야 할 사람이 아직도 많이 있습니다. 우리는 하나님께 주변 사람들을 볼 수 있도록 우리의 눈을 열어 주시고, 그들에게 하나님의 진리를 전해 그들을 그리스도께 인도할 수 있도록 우리의 입을 열어 주시길 기도해야 합니다. 사마리아 여인처럼 우리도 이렇게 말할 수 있어야 합니다. '와서 보라!'

5~10분

YOUR STORY

하나님이 들려주시는 이야기는 오늘을 사는 나와 늘 연결되어 있습니다. 아래 질문에 답하면서 성경 이야기가 내 이야기와 어떻게 연결되는지 생각해 봅시다.

▶ 사회의 차별과 편견으로 어려움을 겪는 사람들에게 복음이 전해지는 이야기를 들은 적이 있나요? 잃어버린 자를 찾기 위해 문화의 장벽을 허물어 버리시는 예수님의 모습에서 무엇을 배울 수 있나요?

이 질문에 관한 대답은 다양할 것입니다.

▶ 사람들이 영적 갈증을 해소하기 위해 찾는 '이 땅의 물'은 무엇일까요? '이 땅의 물'로 영적 갈증을 해소할 수 있을까요?

다른 사람들에게 듣는 칭찬이나 능력, 재능이나 취미나 운동이나 사회적 영향력 등을 예로 들 수 있습니다.

▶ 예수님은 예배에서 중요한 것은 특정 장소가 아니라 예배드리는 자의 마음이라고 가르치셨습니다. 이 가르침이 중요하다면 그 이유는 무엇일까요?

예배는 주일 아침이나 수요일 저녁에만 드리는 것이 아니라 삶 전체로 드려야 한다는 것을 일깨워 주기 때문입니다. 우리는 언제 어디서든 하나님의 영광을 위해 예배를 드려야 합니다.

▶ 사마리아 여인의 반응을 볼 때 우리가 예수님을 전할 때 기억해야 할 것은 무엇일까요?

이 질문에 관한 대답은 다양할 것입니다.

하나님의 이야기
하나님이 그분의 아들
예수 그리스도를 통해
우리를 구속해 주신 이야기

우리의 이야기
우리의 이야기가
하나님의 이야기와
만나는 곳

5~10분

YOUR MISSION

생 각

하나님은 사람들이 올바로 예배드리기를 원하십니다. 바른 예배는 하나님께 영과 진리로 드리는 예배입니다. 영과 진리로 예배드리기 위해 우리는 성령으로 거듭나야 하고, 예수님 안에서 하나님을 향해 온전히 만족해야 합니다. 예배는 말씀으로 가득 채워져야 하며, 성육신하신 하나님이신 예수님께 모든 것을 집중해야 합니다.

- 왜 하나님은 영과 진리로 예배드리는 것이 중요하다고 강조하실까요?
  예배는 두 가지 요소를 모두 포함하기 때문입니다.

- 영과 진리 가운데 하나만 존재한다면, 과연 어떻게 될까요?
  하나님께 진정한 예배를 드리기 위해서는 하나님이 누구시며 우리를 위해 어떤 일을 하셨는지를 정확히 이해해야 합니다. 마찬가지로 영으로 거듭나지 않은 채 하나님의 진리만 안다면, 참된 예배에 이를 수 없습니다. 그렇기 때문에 두 가지 요소가 모두 필요합니다.

마 음

사마리아 여인에게는 놀라운 열정이 있었습니다. 그녀는 예수님을 이제 막 만났지만, 사람들에게 주님을 전할 준비가 이미 되어 있었습니다. 열정적이고 위대한 선교사들을 보면, 예수님을 영접한 지 얼마 안 된 사람들인 경우가 많습니다. 그들은 하나님이 행하신 좋은 소식을 다른 사람들에게 전하는 기쁨으로 가득 차 있습니다. 그러나 불행하게도 하나님의 구원에 처음 느꼈던 경외심과 놀라움은 쉽게 퇴색되곤 합니다. 열정을 잃어 갈수록 복음을 전하는 데 소홀해지게 됩니다. 그러므로 우리는 사마리아 여인 같은 열정적인 사람들을 보며, 하나님의 사랑을 세상에 전하고자 하는 소망으로 마음을 새롭게 하여 주시기를 간구해야 합니다.

- 잃어버린 자에게 예수님의 복음을 전하려는 열정이 쉽게 사라지는 이유는 무엇일까요?
  이 질문에 관한 대답은 다양할 것입니다.

- 열정을 잃지 않으려면 어떤 일을 하면 좋을까요?
  다른 사람들에게 그리스도에 관해 들려줄 수 있습니다. 침묵하기보다 그리스도에 관한 이야기를 전할 때 더 큰 기쁨을 맛볼 수 있습니다.

행 동

사마리아 여인의 전도로 그 지역의 많은 사람이 예수님을 믿었습니다. 사람들은 여인의 말에는 호기심을 느낄 뿐이었지만, 메시아이신 예수님을 직접 만나고 나서는 믿게 되었습니다. 이것이 바로 전도의 모범입니다. 믿지 않는 사람들과 대화할 때, 예수님에 관한 호기심을 불러일으켜야 합니다. 그러고 나서 사람들이 이해할 수 있는 방식으로, 풍성한 복음의 영광을 풀어 나가야 합니다. 말씀으로 차근차근 알려 줄 때, 그들도 생수의 근원이신 하나님을 만나게 될 것입니다.

- 사마리아인들은 여인의 간증에 어떻게 반응했나요?
  이 질문에 관한 대답은 다양할 것입니다.

- 사마리아 여인의 사역을 살펴볼 때, 우리가 복음을 전하기 위해 갖춰야 하는 자격 요건은 무엇일까요?
  이 질문에 관한 대답은 다양할 것입니다.

> 다음 모임까지
> **이사야 43~49장;
> 시 80편; 135편**을
> 읽어 보세요.

부록 6

예수님 제자들의 생애와 사역 1

부르심	생애	사역	죽음
마태 (마 9:9)	마태는 세리였습니다. 그러나 예수님의 부르심을 받고 제자가 되었습니다.	그는 마태복음을 기록했습니다. 이후 교회 전승에 따르면 마태는 페르시아와 에티오피아에서 선교 사역을 했습니다.	교회 전승은 마태가 창에 찔러 순교했다고 전합니다.
안드레 (요 1:35~40)	안드레는 세례 요한의 제자였으나 예수님의 첫 번째 제자 중 하나가 되어 그의 형제 시몬 베드로를 예수님에게 이끌었습니다. 그의 직업은 어부였습니다.	복음서에서 안드레는 계속해서 다른 이들을 예수님에게 이끌었습니다. 예를 들어 그의 형제 시몬을 비롯하여 오천 명을 먹였던 음식을 가진 소년과(요 6:8) 헬라인들(요 12:22)입니다. 교회 전승에 따르면 안드레는 지금의 터키인 소아시아와 그리스에서 설교를 했습니다.	교회 전승은 안드레가 X형태의 십자가에 달려 순교했다고 전합니다.
도마 (마 10:2~4; 막 3:16~19)	도마는 예수님의 부활에 대한 증거를 찾고 기적을 확신한 후에 신앙을 고백한 이로 알려져 있습니다(요 20:25-28).	역사에서 전하기를 도마는 인도를 여행하면서 교회를 세웠다고 합니다.	도마는 군인들에 의해 창에 찔러 죽은 것으로 전해집니다.
빌립 (요 1:43)	안드레와 같이 빌립은 예수님에게 사람들을 소개했습니다.	교회 전승은 빌립이 북아프리카와 이후 소아시아에 살면서 설교했다고 전합니다.	빌립의 죽음에 대해서는 여러 이견이 있으나 일부 전승은 그가 순교했다고 전합니다.
베드로 (마 4:19; 눅 5:11)	베드로의 이전 이름은 시몬이었으며 그의 형제 안드레와 같은 어부였습니다. 그는 예수님을 그리스도로 고백했고 이에 예수님은 그에게 베드로라는 이름을 주셨습니다(마 16:16-19).	베드로는 유대인의 사도로 알려져 있습니다. 그는 베드로전후서를 기록했으며 그의 동역자 마가는 베드로의 증언을 토대로 마가복음을 기록했습니다.	베드로는 십자가에 거꾸로 달려 순교했습니다.
바돌로매 나다니엘 (요 1:47~49)	예수님은 바돌로매에게 참 이스라엘 사람이라고 말씀하시며, 그가 무화과나무 아래 앉아 있는 것을 보았다고 알려 주셨습니다(요 1:47).	역사는 바돌로매가 소아시아와 인도에서 사역을 했다고 전합니다. 아르메니안 교회는 창시자가 바돌로매라고 말합니다.	바돌로매의 죽음에 대해서는 많은 의견이 있습니다.

11

너무 가까워서
못 알아보다니

요약

이 과에서는 예수님이 고향 나사렛 마을 회당에서 말씀하시는 장면을 보게 됩니다. 예수님은 이사야서를 읽으시고 그 예언이 이루어지리라고 말씀하셨습니다. 예수님의 사역으로 온갖 속박과 죄에 사로잡힌 사람들이 자유롭게 될 것입니다. 그러나 고향 사람들은 예언자로서의 예수님뿐 아니라 구원의 메시지까지 거부했습니다. 예수님을 따르는 자로서 우리는 복음으로 인해 거절과 반대에 부딪힐 수 있습니다. 그러나 우리는 성령의 권능에 의지해 그것을 이겨 낼 수 있습니다.

성경

누가복음 4장 14~30절

HIS STORY

포 인 트	예수님을 따르는 자들은 종종 거절과 반대에 부딪히곤 한다.
등 장 인 물	예수님(하나님의 아들, 성자 하나님)
메시지 좌표	이 과에서는 고향 나사렛 마을 회당에서 말씀을 전하시는 예수님에 관해 살펴볼 것입니다. 예수님은 이사야서를 읽고, 그 예언이 이루어지리라고 말씀하셨습니다. 그리고 자신의 사명은 온갖 속박과 죄에 사로잡힌 사람들을 자유롭게 하는 것이라고 말씀하셨습니다. 그러나 고향 사람들은 예수님을 선지자로 보지 않을 뿐 아니라 구원의 메시지마저 거부했습니다.

도 입

계속되는 실패와 거절의 순간을 이겨 내고 성공한 사람의 이야기에는 특별한 무엇인가가 있습니다.

- 뉴욕에서 의류 사업으로 히트를 치기 전에, 메이시는 창업할 때마다 실패했습니다. 그러나 지금 그는 미국에서 가장 유명한 백화점 중 하나인 메이시스(Macy's)로 성공 가도를 달리고 있습니다.
- 월트 디즈니는 22세 때 일하던 신문사에서 해고당했습니다. 좋은 아이디어를 내기에는 창의력이 부족하다는 이유로 말입니다. 그러나 모두가 알다시피 훗날 디즈니는 세계에서 가장 유명하고 가장 사랑받는 만화 캐릭터들을 만들어 냈고, 상상력에 바탕을 둔 오락물(entertainment) 제국을 건설했습니다.
- 알베르트 아인슈타인은 인류 역사상 가장 위대한 과학적 사고를 한 사람 중 한 명입니다. 그러나 그가 말을 늦게 배우자, 사람들은 그를 '우둔'하게 여겼으며 난독증을 앓는다고도 생각했습니다. 게다가 어린 시절 내내 학업 성적도 좋지 않았습니다.

이러한 이야기뿐만이 아닙니다. 수 세기 동안 그리스도인들은 성령님의 일하심을 통해 다양한 형태의 거절과 반대를 겪으며 이를 극복해 왔고, 그들의 고난을 통해 예수님의 영광을 보여 주었습니다. 그들은 확신과 용기가 있었기에 성령님의 권능에 힘입어 세계 각지에서 극심한 박해를 극복할 수 있었으며, 거절과 반대를 당하시던 예수님의 삶에도 동일한 성령님이 계시며 일하셨습니다.

▶ 누군가에게 거절당하는 기분을 느껴 본 적이 있나요? 그때 어떻게 반응했나요?

내가 바로 그다!

누가복음 4장 14~28절의 내용은 예수님이 갈릴리에서 사역하시던 중에 일어난 일입니다. 예수님은 가르침과 기적을 통해 성령님의 권능을 보여 주셨습니다. 예수님의 사역에 관한 소식이 점차 알려지자, 사람들은 그분이 하신 선한 일에 관해 칭찬하기 시작했습니다. 그러나 누가는 갈릴리에서 환영받으셨던 예

도입 선택

'서로 맞서는 것'을 '대립'이라고 합니다. 우리는 어떤 생각이나 결정이나 과제에 대해 반대되는 생각을 할 수 있습니다. 학생들에게 대립하는 것의 목록을 작성하게 하십시오. 맞수로 유명한 팀이나 경쟁 관계에 있는 기업 등을 예로 들 수 있습니다. 그들이 서로 어떻게 맞서는지에 관해 토론하게 한 후 다음 질문을 던지십시오.

- *그리스도인들은 때때로 어떤 이유로 반대에 부딪히나요?*
- *누군가의 반대에 부딪히거나 거절당한 적이 있나요?*

사람들은 때로 자기가 이해하지 못하거나 좋아하지 않는 것에 반기를 듭니다. 또는 반대를 위한 반대를 하기도 합니다. 예수님의 고향 사람들은 모두 유대인입니다. 그들은 메시아가 언젠가는 오실 것을 알면서도 예수님을 거부하고 반대했습니다. 그러나 예수님은 용기와 확신을 가지고 그들의 반대에 맞서셨습니다. 우리도 복음으로 인해 반대에 부딪힐 때, 성령의 권능으로 예수님처럼 행동할 수 있어야 합니다.

수님이 정작 자신의 고향 나사렛에서는 거절당하시는 장면을 대조적으로 보여 주었습니다.

14예수께서 성령의 능력으로 갈릴리에 돌아가시니 그 소문이 사방에 퍼졌고 15친히 그 여러 회당에서 가르치시매 뭇 사람에게 칭송을 받으시더라 16예수께서 그 자라나신 곳 나사렛에 이르사 안식일에 늘 하시던 대로 회당에 들어가사 성경을 읽으려고 서시매 17선지자 이사야의 글을 드리거늘 책을 펴서 이렇게 기록된 데를 찾으시니 곧 18주의 성령이 내게 임하셨으니 이는 가난한 자에게 복음을 전하게 하시려고 내게 기름을 부으시고 나를 보내사 포로 된 자에게 자유를, 눈 먼 자에게 다시 보게 함을 전파하며 눌린 자를 자유롭게 하고 19주의 은혜의 해를 전파하게 하려 하심이라 하였더라 20책을 덮어 그 맡은 자에게 주시고 앉으시니 회당에 있는 자들이 다 주목하여 보더라 21이에 예수께서 그들에게 말씀하시되 이 글이 오늘 너희 귀에 응하였느니라 하시니 22그들이 다 그를 증언하고 그 입으로 나오는 바 은혜로운 말을 놀랍게 여겨 이르되 이 사람이 요셉의 아들이 아니냐(눅 4:14~22)

예수님 시대에 회당은 유대인들이 습관적으로 시간을 보내고, 지도자들이 성경 말씀을 읽고 토론하던 곳입니다. 예수님도 관례대로 회당에 들어가 성경을 읽기 위해 서셨습니다. 그날 읽을 말씀은 오실 메시아에 관한 이사야 선지자의 예언 부분이었습니다.

예수님이 메시아의 사역을 묘사한 구절을 읽고 나서 자리에 앉자 회당에 있는 사람들이 놀라며 웅성거렸습니다. 이때 예수님이 이렇게 말씀하셨습니다. "오늘 너희가 듣는 가운데 이 말씀이 성취되었느니라."

예수님의 이 말씀은 몇 가지 이유에서 사람들을 놀라게 했습니다. 우선 예수님 자신이 바로 성령이 임하신 메시아이심을 암시하셨기 때문입니다. 사실 예수님은 이렇게 말씀히셨던 것입니다. "이사야가 예인했던 그 메시아가 바로 나다."

또한 예수님은 이사야서 말씀을 읽으셨는데, 다 읽지는 않으셨습니다. 예수님은 이사야가 희년을 선포하며, 포로 된 자가 자유를 얻게 되리라고 예언한 내용까지 읽고 멈추셨습니다. 바로 다음 내용은 사람에게 내려질 하나님의 심판에 관한 것이었습니다. 예수님은 일부러 심판이 아닌 은혜의 선포에서 읽기를 끝내셨습니다. 왜 그러셨을까요? 왜냐하면 심판의 날은 나중에 올 것이기 때문입니다. 그 특별한 순간에 예수님은 자유와 은혜를 선포하셨습니다.

예수님은 바로 그곳, 회당에 있는 사람들 앞에서 이사야의 예언이 성취되었음을 담대하게 선포하셨습니다. 그러나 그 선포를 들은 사람들은 당황했습니다. 아마도 그들은 예수님의 설득력 있는 말씀에 놀라면서도 목수의 아들이 특별할 리 없다고 생각했을 것입니다.

그럴 줄 알았다

이사야서 말씀을 읽으시고 나서 예수님은 사람들의 마음속에 있는 불신앙을 보셨고, 하나님의 백성이 종종 선지자들을 거절했던 것처럼 이번에도 자신을 거절할 것을 아셨습니다.

²³예수께서 그들에게 이르시되 너희가 반드시 의사야 너 자신을 고치라 하는 속담을 인용하여 내게 말하기를 우리가 들은 바 가버나움에서 행한 일을 네 고향 여기서도 행하라 하리라 ²⁴또 이르시되 내가 진실로 너희에게 이르노니 선지자가 고향에서는 환영을 받는 자가 없느니라 ²⁵내가 참으로 너희에게 이르노니 엘리야 시대에 하늘이 삼 년 육 개월간 닫히어 온 땅에 큰 흉년이 들었을 때에 이스라엘에 많은 과부가 있었으되 ²⁶엘리야가 그 중 한 사람에게도 보내심을 받지 않고 오직 시돈 땅에 있는 사렙다의 한 과부에게 뿐이었으며 ²⁷또 선지자 엘리사 때에 이스라엘에 많은 나병환자가 있었으되 그 중의 한 사람도 깨끗함을 얻지 못하고 오직 수리아 사람 나아만뿐이었느니라(눅 4:23~27)

"선지자가 고향에서는 환영받지 못한다"라는 말을 들어본 적이 있나요? 예수님의 말씀에서 유래된 것으로, 오늘날 흔히 쓰는 '익숙하면 귀한 줄 모른다'라는 말과 비슷한 뜻입니다.

고향 사람들은 예수님을 특별하게 생각하지 않고 평범하게 여겼습니다. 그래서 그들은 주님의 말씀에 관심을 두지 않았습니다. 비록 주님이 베푸시는 기적은 보고 싶어 하면서도 말입니다.

자신과 가까운 사람이 얼마나 성장했는지를 알아 채기는 쉽지 않습니다. 무슨 말인지 알 것입니다. 형제자매나 친구들이 날마다 자라는 것은 알 수가 없지만, 오랜만에 친척이나 가족을 만나면 한눈에 알아볼 수 있습니다. 시간이 있었기 때문에 알아보게 된 것입니다.

나사렛 사람들은 예수님이 자라시는 것을 눈앞에서 지켜봤습니다. 그래서 그들은 자기들과 함께 자란 어린 소년이 선지자의 모습으로 나타난 것을 인정할 수가 없었습니다. 이 때문에 예수님이 이사야서 말씀을 읽으면서 밝히신 진리를 받아들이지 못했던 것입니다.

예수님은 나사렛 사람들의 불신을 보고, 구약의 두 가지 이야기를 들려주셨습니다. 하나님이 엘리야와 엘리사가 '하나님의 백성'으로 인정받지 못한 사람들에게 기적을 베풀게 하신 이야기입니다. 이스라엘 백성이 엘리야와 엘리사의 사역으로도 하나님의 말씀을 받아들이지 않자, 하나님이 그들을 이방인의 땅으로 보내셨습니다. 이 이야기는 예수님 시대에 새로운 의미를 부여합니다. 예수님은 거절당해 온 선지자의 계보에 자신을 두셨습니다. 그리고 나사렛 사람들을 오래전에 선지자들을 거부했던 옛 이스라엘 백성의 계보에 두셨습니다. 그들이 예수님의 말씀을 듣고 불쾌해한 것은 이상한 일이 아닙니다. 예수님의 말씀을 듣고, 그들의 마음이 완악해졌습니다.

예수님은 자신의 백성을 구원하러 오셨는데도 그들에게 거절을 당하셨으니 얼마나 힘드셨을지 짐작할 수 있나요?

그래도 나는 너희를 위해 왔단다

예수님의 말씀을 듣고 나사렛 사람들은 처음에는 놀랐다가, 나중에는 분노했습니다. 그들이 예수님의 메시지에 어떻게 반응하는지 보십시오.

²⁸회당에 있는 자들이 이것을 듣고 다 크게 화가 나서 ²⁹일어나 동네 밖으로 쫓아내어 그 동네가 건설된 산 낭떠러지까지 끌고 가서 밀쳐 떨어뜨리고자 하되 ³⁰예수께서 그들 가운데로 지나서 가시니라(눅 4:28~30)

사람들은 예수님의 말씀에 분개해서 주님을 절벽으로 끌고 가 죽이려고 했습니다. 예수님은 우리를 대신해 죽으러 오긴 하셨지만, 아직은 그때가 아닙니다. 예수님이 어떻게 성난 군중 사이를 빠져나와 죽음의 순간을 모면하셨는지는 정확히 알 수 없습니다. 어떤 주석가들은 예수님의 피신을 기적으로 생각합니다. 어떤 주석가들은 그냥 간신히 빠져나오셨다고 믿습니다. 어느 쪽이건 간에 나사렛에서 심각한 상황이 벌어졌던 것은 분명합니다. 이사야 선지자가 700년 전에 예언한 대로 예수님은 자기 백성에게 거절당하셨습니다. 고향 사람들의 거절에도 불구하고, 하나님은 예수님이 자기 사명을 끝까지 다하도록 하셨습니다.

알짬 교리 99

선지자이신 그리스도

예수님의 직무 중 하나가 바로 선지자입니다. 선지자는 하나님의 뜻과 교훈을 이스라엘 백성에게 전하며, 또한 미래에 있을 일을 전하는 하나님의 종입니다. 선지자의 직무를 감당하신 예수님은 선지자로서 가장 높으시며, 마지막이시며, 그분에게만 영생의 말씀이 있습니다(요 6:68).

그리스도와의 연결

예수님이야말로 진정한 구세주이십니다! 주님은 거절과 반대에 직면하셨지만, 잃어버린 자를 찾아 구원하는 사역을 완수하기 위해 성령의 권능에 힘입으셨습니다. 하나님이 약속하신 대로 이스라엘을 버리지 않으셨다는 사실이 위로가 됩니다. 예수님이 태어나시기 수백 년 전에 이사야 선지자를 통해 죄에서 해방될 날이 오리라는 약속을 주셨던 것입니다. 예수님은 죄에 사로잡힌 자들을 구속하시겠다는 하나님의 약속이 성취된 증거이십니다.

이제 우리는 거절과 반대에 부딪혀도 견딜 수 있는 희망을 찾을 수 있습니다. 복음을 전하다가 친구에게 거절당하거나, 예수님 편에 섰다는 이유로 가족에게 거절당해도 상관없습니다. 믿는 사람들과 하나 되어, 우리를 구원하기 위해 반대를 참으셨던 예수님을 기억하도록 서로 격려해 줄 수 있기를 바랍니다. 또한 포로 된 자를 구원하고자 하시는 예수님의 복음의 진리를 새롭게 하여 우리를 거절했던 사람들과도 다시 교제할 수 있기를 바랍니다.

YOUR STORY

하나님이 들려주시는 이야기는 오늘을 사는 나와 늘 연결되어 있습니다. 아래 질문에 답하면서 성경 이야기가 내 이야기와 어떻게 연결되는지 생각해 봅시다.

▶ 오늘날 사람들은 유일하신 예수님에 관한 믿음을 떨어뜨리기 위해 어떤 일들을 시도하나요?

이 질문에 관한 대답은 다양할 것입니다.

▶ 고향 나사렛에서 기적을 행하지 않기로 예수님이 결정하신 이유는 무엇일까요? 예수님은 그들의 거절에 왜 그런 식으로 반응하셨을까요?

이 질문에 관한 대답은 다양할 것입니다.

▶ 믿음 때문에 거절당해 본 적이 있나요?

이 질문에 관한 대답은 다양할 것입니다.

▶ 예수님을 믿는다는 이유로 거절당한 친구가 있다면, 어떤 말로 격려해 주면 좋을까요?

이 질문에 관한 대답은 다양할 것입니다.

하나님의 이야기
하나님이 그분의 아들
예수 그리스도를 통해
우리를 구속해 주신 이야기

우리의 이야기
우리의 이야기가
하나님의 이야기와
만나는 곳

YOUR MISSION

생 각

예수님을 거절하는 것은 그 마음에 죄가 가득하기 때문입니다. 요한복음 3장 19절은 이렇게 말합니다. "그 정죄는 이것이니 곧 빛이 세상에 왔으되 사람들이 자기 행위가 악하므로 빛보다 어둠을 더 사랑한 것이니라." 예수님 시대에 사람들이 주님을 거절한 것처럼 오늘날 사람들도 주님을 거절합니다. 사람들은 복음의 진리를 매몰차게 대합니다. 왜냐하면 복음을 만나면 마음속 어두움이 드러나기 때문입니다.

- 그리스도인의 삶의 방식 때문에 예수님을 거부하는 사람을 본 적이 있나요?

  이 질문에 관한 대답은 다양할 것입니다.

- 예수님을 구주로 믿기를 주저하는 것에 관해 요한복음 3장 19절 말씀은 무엇이라고 경고하나요?

  이 질문에 관한 대답은 다양할 것입니다.

마 음

고통과 고난 가운데서도 하나님이 우리를 위로하신 것처럼, 우리도 여러 가지 시련으로 고통당하는 신자들과 동행하면서 그들을 위로할 수 있습니다(고후 1:3~7). 이것은 그리스도의 몸 된 교회에 속한 자들이 받는 유익이며, 우리 삶을 통해 드러나는 성령의 역사입니다.

- 고난 중에도 불평하지 않고 기뻐하는 그리스도인들의 모습은 믿지 않는 자들에게 어떻게 비칠까요?

  이 질문에 관한 대답은 다양할 것입니다.

- 어떻게 하면 거절과 반대를 이겨 내고 우리 증언과 사명에 힘을 더할 수 있을까요?

  이 질문에 관한 대답은 다양할 것입니다.

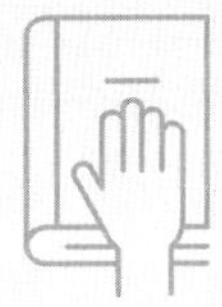

행 동

이사야서에 따르면, 메시아의 사역은 영적인 필요와 육체적인 필요에 모두 응답합니다. 그런 이유로 교회는 영적인 필요와 물질적인 필요, 두 가지 모두에 늘 초점을 맞추어 왔습니다. 교회는 세상을 구원하기 위한 예수님의 구속 사역을 선포하며, 동시에 고난당하는 사람들에게 현실적인 도움을 줌으로써 그들과 함께해야 합니다. 믿는 사람들은 이 두 가지 속성을 진지하게 받아들여야 합니다. 즉 거룩함을 추구하며, 곤궁한 이들에게는 하나님의 사랑과 자비를 드러내야 합니다(약 1:27).

- 예수님은 우리를 영적인 포로 상태에서 구원해 주셨습니다. 그의 구원하심은 우리로 하여금 주변 사람들의 물질적인 필요에 어떻게 반응하게 하나요?

  우리는 다른 사람의 영적인 필요뿐만 아니라 물질적 필요도 채워 줄 수 있어야 합니다. 이것은 그리스도께서 삶에서 보여 주신 것처럼, 긍휼의 삶을 보이고자 하는 열망을 보여 주는 것이기 때문입니다.

- 그리스도인들이 영적인 문제에만 집중하고, 물질적 필요를 충족시키지 못하는 것이 왜 문제가 될까요?

  이 질문에 관한 대답은 다양할 것입니다.

다음 모임까지
이사야 50~58장을
읽어 보세요.

부록 7

예수님 제자들의 생애와 사역 2

부르심	생애	사역	죽음
야고보 (대야고보, 세베대의 아들) (마 4:21; 눅 5:11)	야고보는 베드로, 요한과 함께 핵심 제자 그룹 중 한 명이었습니다. 야고보는 변모하신 예수님의 증인이었으며 겟세마네 동산에서 예수님과 함께했던 인물이었습니다.	역사는 야고보가 스페인에서 사역을 했다고 전합니다.	야고보는 참수당한 것으로 전해집니다.
야고보(소 야고보, 알패오의 아들) (마 10:2~4)	야고보는 마태의 형제일 가능성이 있습니다. 그는 야고보서의 저자인 주님의 형제 야고보와는 다른 인물입니다. 예수님은 야고보에게 유대인들에게 가서 하나님 나라가 가까이 왔다고 전할 임무를 주셨습니다(마 10:5-8).		야고보는 돌에 맞아 순교한 것으로 전해집니다.
유다 다대오 (마 10:2~4)	예수님은 유다에게 유대인들에게 가서 하나님 나라가 가까이 왔다고 전할 임무를 주셨습니다(마 10:5-8).	많은 이들이 유다는 선교사가 되었다고 믿습니다.	
요한 (막 5:37; 9:2)	세베대의 아들 야고보의 형제 요한은 "사랑받는 제자"로 알려져 있습니다.	그는 요한복음과 요한 서신 그리고 요한계시록을 기록했습니다.	밧모 섬에 유배당하여 그곳에서 수명을 다했습니다.
시몬 (마 10:2~4)	시몬은 예수님에게 선택받은 제자로서 자신의 정치 활동을 포기하고 기꺼이 예수님을 따랐습니다.	시몬은 페르시아에서 사역했다고 전해집니다.	전승에 따르면 시몬은 태양신 숭배를 거부하여 죽임을 당했습니다.
유다 (배신자) (마 10:4)	유다는 제자 그룹의 회계를 담당했으나 횡령을 일삼는 도둑이었습니다(요 12:5; 13:29). 그는 은 30냥에 예수님을 배반한 후 가책을 느끼고 목을 맸습니다. 유다를 대신하여 맛디아가 열한 제자에 들어가게 되었습니다(행 1:26).		목을 매어 자살했습니다.

12

나도 내가 이럴 줄 몰랐어

요약

이 과에서는 삭개오에 관한 이야기를 읽을 것입니다. 예수님의 사랑을 경험한 죄인이 그 마음에 넘치는 감사를 표현하는 장면을 볼 수 있습니다. 삭개오는 예수님을 보기 위해 최선을 다했고, 예수님의 명령에 순종해 예수님을 집에 모시더니 놀라운 관용을 베풀었습니다. 예수님을 만남으로써 변화된 결과입니다. 삭개오의 이야기는 그리스도인으로서의 우리 자신을 돌아보게 합니다. 우리는 회개하고, 관대하게 복음을 전하라고 부름받은 존재이기 때문입니다.

성 경

누가복음 19장 1~10절

HIS STORY

포 인 트 예수님은 잃어버린 자들을 찾아 구원하러 오셨다.

등 장 인 물 예수님(하나님의 아들, 성자 하나님)
삭개오(부정 축재를 일삼은 세리장, 키가 작아서 예수님을 보기 위해 돌무화과나무 위로 올라
가야 했음)

메시지 좌표 지금까지 예수님이 다양한 사람들을 만나서 교제하신 모습을 살펴봤습니다. 제
자들을 부르셨고, 니고데모와 이야기를 나누셨으며, 우물가에서 한 여인을 만
나기도 하셨습니다. 그리고 세례 요한과의 관계에 관해서도 공부했습니다. 이
과에서는 예수님이 여행 중에 '삭개오'라는 이름의 세리장 집을 방문하신 이야
기를 살펴볼 것입니다.

도 입　　　　　　　　　　　　　　5~10분

'누군가를 무시하는 것'의 의미를 아십니까? 누군가를 무가치하게 보는 것은 그 사람을 포기했다거나 그 사람과 어떤 관계도 맺지 않겠다는 것을 의미합니다. 또는 그 사람의 존재가 아무런 의미가 없다고, 다시 말해서 관계 맺기에는 부적절한 사람으로 여긴다는 것입니다.

▶　누군가를 무시하고 싶었던 적이 있나요? 어쩌다가 그렇게 되었나요?

유대인들은 삭개오가 불성실하고 부정직한 세리였기 때문에 그를 무시했습니다. 죄 많은 사람이라 여겼기 때문에 그와는 어떤 관계도 맺으려 하지 않았을 뿐 아니라, 그와 교제하려는 사람도 이해할 수 없었습니다. 그런데 예수님은 삭개오의 이름을 불러 주셨을 뿐만 아니라 그의 집에 가서 그와 함께 시간을 보내기까지 하셨습니다.

▶　사람들이 종종 다른 사람의 죄보다 자기 죄가 덜하다고 여기는 이유는 무엇일까요?

다른 사람의 염려에도 불구하고, 예수님은 주저 없이 소외된 삭개오에게 다가가 죄 사함의 은총, 즉 두 번째 기회를 주셨습니다. 예수님처럼 우리도 주저 없이 소외된 자들에게 다가가 '회개'라는 두 번째 기회를 주고 그들을 하나님께 인도해야 합니다.

나도 예수님을 만나고 싶어

삭개오 이야기는 누가복음 19장에 기록되어 있습니다. 예수님은 예루살렘으로 향하는 길에 여리고로 들어가셨습니다. 다음 구절을 보십시오.

[1]예수께서 여리고로 들어가 지나가시더라 [2]삭개오라 이름하는 자가 있으니 세리장이요 또한 부자라 [3]그가 예수께서 어떠한 사람인가 하여 보고자 하되 키가 작고 사람이 많아 할 수 없어 [4]앞으로 달려가서 보기 위하여 돌무화과나무에 올라가니 이는 예수께서 그리로 지나가시게 됨이러라 (눅 19:1~4)

도입 선택

영화 "어벤져스" 시리즈의 최근 두 편은 캡틴 아메리카 스티브 로저스가 어릴 적 친구인 윈터 솔저 버키를 추적해 그를 예전 모습으로 되돌리려고 하는 이야기를 다루었습니다. 가장 친한 친구인 스티브와 버키는 동반 입대해 적군 히드라를 물리치기 위한 특별팀에서 복무했습니다. 그런데 임무를 수행하던 중 버키가 열차에서 계곡으로 추락했고, 모두 그가 죽은 줄 알았습니다. 몇 년 후, 그는 히드라에게 세뇌된 채로 강력한 군인 윈터 솔저가 되어 돌아왔습니다. 버키가 파괴를 일삼았음에도, 스티브는 친구 버키가 다시 선해질 수 있다고 홀로 믿었습니다. 동료의 거센 반대에도 불구하고, 캡틴 아메리카는 친구를 포기하지 않았습니다.

· 아무도 믿어 주지 않는 누군가의 말을 믿어 주고 싶었던 적이 있나요? 구체적으로 어떤 상황이었나요?

어벤져스는 캡틴 아메리카의 행동을 이해하지 못했습니다. 그들은 그가 왜 희망이 보이지 않는 사람에게 호의를 베푸는지 이해하지 못했습니다. 마찬가지로 유대인들도 예수님이 세리장 삭개오에게 다가가시는 것을 이해하지 못했습니다. 그들의 눈에 삭개오는 구원을 받을 만한 사람이 아니었습니다. 그러나 예수님께 삭개오는 구원과 은혜가 절실히 필요한, 잃어버린 영혼이었습니다.

누가가 삭개오를 어떻게 묘사했는지 보십시오. 삭개오에게는 두 가지 특징이 있었습니다. 하나는, 세리장이며 부자라는 것입니다. 예수님 시대에는 유대인들이 세리를 경멸했습니다. 왜 그랬을까요? 왜냐하면 세리도 유대인인데, 하나님의 백성을 학대하는 로마제국의 관리들과 결탁했기 때문입니다. 그들은 로마가 걷는 세금에 웃돈을 붙여서 걷는 등 각종 부정부패를 저질렀고, 그렇게 모은 돈으로 부유하게 살았습니다.

자동차로 멀리 여행을 간다고 가정해 봅시다. 목적지까지의 거리와 자동차의 종류에 따라 고속도로 구간마다 요금소에서 통행료를 지불해야 할 것입니다. 그런데 징수원이 정해진 요금보다 두 배나 많이 요구한다면, 어떨까요? 당황스럽고 화가 나지 않을까요? 당장 도로공사에 신고하고 싶을 것입니다.

예수님 시대에는 세리가 백성에게 과도한 세금을 요구해도 따를 수밖에 없었습니다. 이러한 관행을 신고할 만한 기관도 없었습니다. 세리장 삭개오는 누가의 말대로 '부자'였습니다. 배신자로 낙인찍힌 데다 동족을 억압하며 불의하게 부를 쌓은 사람입니다.

다른 하나는, 흥미롭게도 삭개오가 정말로 예수님을 보고 싶어 했지만 불행하게도 키가 작았다는 것입니다. 그런 삭개오를 보며, 아마도 착취를 일삼던 세리를 미워하던 사람들이 그가 앞으로 나아가지 못하게 일부러 막으면서 일종의 앙갚음을 했을 것입니다. 상황이 어찌 되었건, 삭개오는 예수님을 보기로 결심했고, 그래서 나무 위로 올라갔습니다.

예수님 시대에 남자들은 나무에 오르지 않았습니다. 남자가 이런 행동을 하는 것은 품위 없는 일로 간주되었으나, 삭개오는 신경 쓰지 않았습니다. 그는 키가 작았고, 많은 무리가 길을 메우고 있었기 때문입니다. 삭개오는 어린아이 같은 열정으로 나무에 올랐습니다. 그리고 마침내 예수님을 볼 수 있을 정도의 높이까지 오를 수 있었습니다.

삭개오야, 나랑 얘기 좀 하자

삭개오는 많은 무리로 인해 예수님을 보기가 어려웠지만, 예수님은 무리의 머리 위로 삭개오를 올려다보셨습니다.

⁵예수께서 그곳에 이르사 쳐다 보시고 이르시되 삭개오야 속히 내려오라 내가 오늘 네 집에 유하여야 하겠다 하시니 ⁶급히 내려와 즐거워하며 영접하거늘 ⁷뭇 사람이 보고 수군거려 이르되 저가 죄인의 집에 유하러 들어갔도다 하더라(눅 19:5~7)

예수님이 삭개오를 알아보고 그의 이름을 불러 주셨습니다. 그리고 그 배신자의 집에서 머물겠다고 말씀하셨습니다.

이 상황을 지켜본 사람들이 아연실색하는 것은 당연합니다. 왜냐하면 누군가의 집에 머문다는 것은 그와 친분 관계가 있음을 의미하기 때문입니다. 이는 예수님이 삭개오를 '사랑'과 '용납'이라는 팔로 따뜻하게 안아 주시는 것과 같습니다.

그러나 구경꾼들의 눈에는 예수님이 악행을 일삼는 이기적인 불한당 중 한 명과 시간을 보내시는 것으로 비쳤습니다. '메시아를 자처하는 의로운 선생이 왜 하필이면 악인으로 소문난 사람과 친분을 맺고 시간을 보내려고 하는 것일까요?'

사람들의 수군거림은 삭개오가 구원받을 만한 사람이 아니라는 것을 보여 줍니다. 그들은 예수님이 그런 사람과 함께 시간을 보내기 원하시는 것을 이상하게 여겼습니다. 그들은 하나님이 삭개오를 받아 주시리라는 가능성을 완전히 무시했습니다.

알짬 교리 **99**

은혜로우신 하나님

하나님은 자격 없는 자에게 과분한 호의를 베풀기를 기뻐하셨습니다(엡 2:8~9). 죄인을 향한 주님의 은혜는 그리스도를 통해 주셨던 구원에서 가장 분명하게 드러납니다. 죄를 보면 인간은 구원받을 자격이 없습니다. 우리는 모두 하나님께 등을 돌렸으므로 결과적으로 죽어 마땅합니다(롬 6:23). 그럼에도 하나님은 죄인을 죄 가운데 버려두지 않으시고, 예수님의 죽음과 부활을 통해 그 죄를 용서해 주심으로써 은혜를 보여 주셨습니다(고후 5:21).

그래, 그렇게 하면 돼!

삭개오는 예수님께 나아가 자신의 죄를 고백하며 회개했습니다.

[8]삭개오가 서서 주께 여짜오되 주여 보시옵소서 내 소유의 절반을 가난한 자들에게 주겠사오며 만일 누구의 것을 속여 빼앗은 일이 있으면 네 갑절이나 갚겠나이다 [9]예수께서 이르시되 오늘 구원이 이 집에 이르렀으니 이 사람도 아브라함의 자손임이로다 [10]인자가 온 것은 잃어버린 자를 찾아 구원하려 함이니라 (눅 19:8~10)

삭개오는 예수님을 맞이하기 위해 재빨리 나무에서 내려왔습니다. 그러나 그는 그 자리에 멈춰 섰습니다. 이때 그가 어떤 생각을 했는지는 알 수 없지만, 사람들의 수군거림을 듣고 그들의 비난이 옳다고 여기며 두려움에 떨었을 수 있습니다. 그가 세금을 강탈한 죄인인 것은 분명한 사실이기 때문입니다!

그는 누가 시키지도 않았는데, 그 자리에서 예수님께 자기 소유의 절반을 가난한 자들에게 주겠다고 말했습니다. 그리고 만일 누구의 것을 속여 빼앗은 것이 있다면, 그 네 배로 갚아 주겠다고도 했습니다. 삭개오는 자기 잘못을 깨닫고, 부당하게 얻은 재물에 대해 자진 고백했습니다. 나아가 빼앗은 것을 온전히 반환하겠다고 약속함으로써 회개하는 모습을 보여 주었습니다.

삭개오의 말에 예수님은 그의 집에 구원이 이르렀다는 말씀으로 응답하셨습니다. 예수님이 세리의 구원에 관해 말씀하신 것입니다. 이는 예수님이 그를 아브라함의 자손으로 보고 계심을 보여 준다는 점에서 중요합니다. 삭개오도 이스라엘 조상들과 언약 관계에 있음을 의미하는 것입니다. 그러나 예수님은 구원의 근거가 조상 아브라함에게 있지 않고, 주님께 응답하는 데 있다고 말씀하셨습니다. 구원받은 신앙은 그리스도인의 변화된 삶으로 나타납니다. 삭개오가 바로 그런 모습을 보여 주었습니다.

레이 드 아마스(Rey De Armas) 목사는 이렇게 말했습니다. "삭개오의 이야기를 통해, 우리는 '인색함'이란 하나님의 은혜를 모른다는 뜻임을 알 수 있다. 은혜는 공명정대하지 않다. 은혜는 우리에게 행하신 하나님의 놀라운 일에 대해 빚을 갚아야 하는 업보 같은 것도 아니다. 은혜는 절대로 받을 자격이 없는

데도 무엇인가를 받는 것이다. … 그리스도께서 보여 주신 관대함으로 인해 우리는 그리스도인의 중요한 가치를 알게 된다. 빈곤한 상태에 있는 사람에게 영적으로 관대해야 한다는 것이다. 삭개오는 관계적으로나 영적으로나 빈곤한 상태에 있었다. 예수님은 삭개오를 관대하게 대하셨고, 이로 인해 그는 이제 잃어버린 자가 아니라 되찾은 자가 되었다."

고린도후서 7장 9~11절을 읽고, 바울이 말하는 회개의 특징에 관해 설명해 볼까요? 예수님을 만난 삭개오의 회개에서 바울이 열거한 특징을 발견할 수 있나요?

그리스도와의 연결

하나님은 예수님을 보내사 잃어버린 자를 찾아 구원하심으로 자기 사랑을 나타내셨습니다. 우리가 죄 가운데 죽게 되었을 때, 예수님은 우리를 대신해 죽기 위해 오셨습니다 (롬 5:8). 그리고 대속의 죽음과 장사되심과 부활을 통해 사명을 완수하셨습니다. 하나님은 죄인들이 복음을 듣고, 죄를 인정하고, 죄를 고백하며 예수님이 이루신 구원 사역을 믿는 것을 기뻐하십니다. 큰 죄를 지었으니 하나님의 은혜를 받지 못할 것이라는 말을 결코 믿지 말아야 합니다.

예수님을 영접한 우리는 이러한 사실을 잘 알고 있습니다. 우리는 예수님을 만난 덕분에 만나는 사람들에게 주님의 이야기를 전하고, 곤궁에 처한 사람들에게 우리의 것을 나누며 하나님께 감사를 올려 드릴 수 있습니다.

YOUR STORY

하나님이 들려주시는 이야기는 오늘을 사는 나와 늘 연결되어 있습니다. 아래 질문에 답하면서 성경 이야기가 내 이야기와 어떻게 연결되는지 생각해 봅시다.

▶ **사람들은 삭개오가 예수님을 보러 가는 길을 막아섰습니다. 오늘날 사람들은 예수님을 만나려는 사람들을 어떻게 방해하나요?**
때때로 우리 태도나 행동이 예수님을 만나려는 사람들에게 방해가 될 수 있음을 기억해야 합니다.

▶ **하나님의 은혜를 도저히 받지 못할 것 같은 사람의 특징은 무엇인가요?**
이 질문에 관한 대답은 다양할 것입니다.

▶ **삭개오는 자신이 강탈한 돈을 사람들에게 되돌려줘야 한다고 생각했습니다. 삭개오의 결심은 무엇을 말해 주나요?**
삭개오가 극적인 마음의 변화를 경험했다는 것을 알 수 있습니다. 물욕과 소유욕으로 가득했던 마음이 예수님을 만나고 나서 관대하게 변한 것입니다.

▶ **복음을 받아들인 사람이 다른 사람에게 관대하게 대하는 모습을 본 적이 있나요?**
하나님의 사랑과 은혜를 얼마나 많이 받았는지 알게 되면 될수록, 우리는 주변 사람들에게 주님의 관대하심을 더 열심히 전하려고 할 것입니다.

하나님의 이야기
하나님이 그분의 아들 예수 그리스도를 통해 우리를 구속해 주신 이야기

우리의 이야기
우리의 이야기가 하나님의 이야기와 만나는 곳

5~10분

YOUR MISSION

생 각

삭개오를 미워했던 군중을 판단하기 전에, 우리는 자신을 스스로 돌아봐야 합니다. 우리도 그들과 비슷한 행동을 하기 때문입니다. 내게 악하게 대한 사람에게 적의를 품은 적은 없는지, 내게 상처를 준 사람을 은혜를 받지 못할 사람으로 치부한 적은 없는지, 혹은 중독된 사람이나 나쁜 일을 저지른 사람이나 그리스도인에게 적의를 갖고 화내는 사람들을 구원받을 자격도 없는 사람이라고 생각한 적은 없는지 돌아봐야 합니다.

- **내가 구원받았다는 사실을 아는 것은 모든 죄인이 구원받을 수 있다는 것을 이해하는 데 어떤 도움이 되나요?**
  삭개오의 이야기는 하나님이 어떠한 죄인이라도 찾아서 구원하시는 분임을 알게 해 줍니다. 하나님의 은혜를 무시한 채 남을 희생해서라도 자기 꿈만 좇던 우리를 예수님은 불러 주시고 가족으로 맞아 주십니다.

- **하나님의 은혜가 모든 죄인에게 임한다는 사실을 올바로 이해한다면, 어떤 행동이 뒤따라야 할까요?**
  우리에게 죄 지은 사람들을 용서하고, 그들과 화해하게 됩니다. 그들의 마음이 여전히 완악할지라도 하나님의 사랑으로 긍휼을 베풀 수 있습니다.

마 음

삭개오의 이야기를 통해 예수님을 만난 사람들은 그 은혜에 힘입어 삶이 변화된다는 것을 알 수 있습니다. 삭개오는 돈을 사랑했고, 부자로 사는 것을 즐겼습니다. 하지만 예수님을 만나자 극적으로 달라졌습니다. 예수님의 은혜와 자비가 그의 마음의 소원을 바꿔 놓은 것입니다. 그는 기꺼이 자기 재산과 이전의 삶의 방식을 내어 버림으로써 그리스도께 응답했습니다. 이것이 바로 그리스도의 은혜와 자비를 알게 된 사람들이 경험하는 진정한 변화입니다.

- **그리스도를 만남으로써 내 삶이 어떻게 달라졌나요? 주님을 알고부터 내 마음의 소원이 어떻게 달라졌나요?**
  이 질문에 관한 대답은 다양할 것입니다

- **변화된 삶과 마음이 예수님이 내 삶의 주인이 되셨다는 증거가 되는 이유는 무엇일까요?**
  이 질문에 관한 대답은 다양할 것입니다

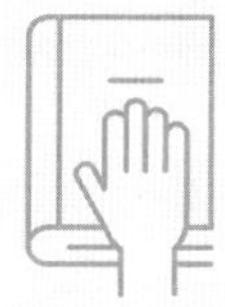

행 동

우리가 만나는 모든 사람은 예수님을 구주로 영접해야 하는 사람이며, 그럴 수 있는 사람입니다. 하나님은 우리에게 주님의 은혜를 받을 수 없을 것처럼 보이는 사람들에게도 다가가 예수님 안에 있는 구원의 길을 보여 주라고 말씀하십니다. 잃어버린 자들과 우정을 쌓는 것 때문에 반대에 부딪힐 수도 있습니다. 그러나 우리는 만나는 사람들에게 자기 자신과 복음을 둘 다 나누어 주었던 바울의 사역에서 교훈을 얻을 수 있습니다(살전 2:8).

- **예수님이 삭개오와 함께하기 위해 사람들의 반대를 무시하신 것은 무엇을 의미할까요?**
  이 질문에 관한 대답은 다양할 것입니다

- **이 일은 잃어버린 자를 향한 예수님의 마음에 관해 무엇을 말해 주나요? 또한 그리스도인이 어떻게 살아야 하는지에 관해 어떤 교훈을 주나요?**
  이 질문에 관한 대답은 다양할 것입니다

> 다음 모임까지
> **이사야 59~66장을**
> 읽어 보세요.

부록 8

값지고 소중한 은혜

예수님이 사람들과 대화하시며 주신 엄정한 말씀들의 의미는, 모든 제자나 선교사가 반드시 지켜야 하는 법이 아니었습니다. 그분은 사람의 마음에 있는 우상을 아셨고, 우리가 그분을 사랑하면서도 우상을 좇느라 내면에서 갈등하는 것을 아셨습니다. 그분은 오늘 아침에 우리 얼굴을 보셨고 우리 마음에 품은 생각을 정확하게 아셨습니다.

_ 존 파이퍼

예수님을 따르는 사람은	마음의 우상을 버립니다.
눅 9:57~58 "길 가실 때에 어떤 사람이 여짜오되 어디로 가시든지 나는 따르리이다 예수께서 이르시되 여우도 굴이 있고 공중의 새도 집이 있으되 인자는 머리 둘 곳이 없도다 하시고."	보장된 삶을 추구하면서 편하게 살라는 우상
눅 9:59~60 "또 다른 사람에게 나를 따르라 하시니 그가 이르되 나로 먼저 가서 내 아버지를 장사하게 허락하옵소서 이르시되 죽은 자들로 자기의 죽은 자들을 장사하게 하고 너는 가서 하나님의 나라를 전파하라 하시고."	하나님보다 가족을 먼저 생각하라는 우상
눅 9:61~62 "또 다른 사람이 이르되 주여 내가 주를 따르겠나이다마는 나로 먼저 내 가족을 작별하게 허락하소서 예수께서 이르시되 손에 쟁기를 잡고 뒤를 돌아보는 자는 하나님의 나라에 합당하지 아니하니라 하시니라."	사명을 미루고 적당히 살라고 하는 우상
마 19:21 "예수께서 이르시되 네가 온전하고자 할진대 가서 네 소유를 팔아 가난한 자들에게 주라 그리하면 하늘에서 보화가 네게 있으리라 그리고 와서 나를 따르라 하시니."	
눅 19:8~10 "삭개오가 서서 주께 여짜오되 주여 보시옵소서 내 소유의 절반을 가난한 자들에게 주겠사오며 만일 누구의 것을 속여 빼앗은 일이 있으면 네 갑절이나 갚겠나이다 예수께서 이르시되 오늘 구원이 이 집에 이르렀으니 이 사람도 아브라함의 자손임이로다 인자가 온 것은 잃어버린 자를 찾아 구원하려 함이니라"	물질을 많이 가지고 있으라고 하는 우상